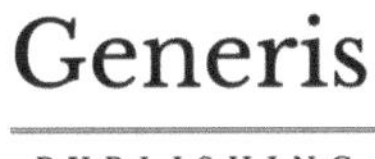

Generis

PUBLISHING

Jean-Paul Ngbolua Koto-te-Nyiwa
Pius Mpiana Tshimankinda
Emmanuel Lengbiye Moke

Activité anti-drépanocytaire de *Canarium schweinfurthii* (Bursaceae)*:*

Plante médicinale du bassin de la rivière Ebola en République démocratique du Congo

CIP a Camerei Naţionale a Cărţii

Ngbolua Koto-te-Nyiwd, Jean-Paul.

Activité anti-drépanocytaire de *Canarium schweinfurthii* (Bursaceae): Plante médicinale du bassin de la rivière Ebola en République démocratique du Congo/Jean-Paul Ngbolua Koto-te-Nyiwa, Pius Mpiana Tshimankinda, Emmanuel Lengbiye Moke. – Chişinău : Online Marketing Group, 2020. – 54 p.

Referinţe bibliogr.: p. 41-50.

ISBN 978-9975-3402-4-3.

633.88(672.4)

N 56

Cover Image: www.unsplash.com
Generis Publishing
Online Marketing Group SRL
MD-2068, Chisinau, Miron Costin 17/2, Of 519

Online orders: www.generis-publishing.com
Orders by email: info@generis-publishing.com

BIOGRAPHIE DES AUTEURS

Monsieur Jean-Paul Ngbolua Koto-te-Nyiwa est Docteur en Sciences biologiques de l'Université de Kinshasa (UNIKIN, République démocratique du Congo) et de l'Institut Malgache de Recherches Appliquées (IMRA, Madagascar). Il est Professeur Full au Département de Biologie de l'UNIKIN. Le Professeur Dr Ngbolua est Recteur de l'Université de Gbado-Lite (Nord-Ubangi). Son h-index est 27 (Google scholar). E-mail: jpngbolua@unikin.ac.cd

Monsieur Pius T. Mpiana est Docteur en Sciences chimiques de l'Université de Kinshasa depuis 2003. Il est actuellement Professeur Ordinaire à la Faculté des Sciences de l'UNIKIN. Le Professeur Dr Pius Tshimankinda Mpiana est Secrétaire en charge de la recherche au département de Chimie et Promoteur de l'ONGD RESUD. Son h-index est 30 (Google scholar).

Monsieur Emmanuel Lengbiye Moke est Licencié en Sciences biologiques (Bac+5) de l'Université de Kinshasa. Il est Assistant à l'UNIKIN et travaille actuellement sous la supervision des Professeurs P.T. Mpiana & K.N. Ngbolua pour ses études de DEA en co-tutelle avec l'Université de Yaounde I (Professeure Joséphine Ngo Mbing: Cameroon). Son domaine de recherche est « Plantes médicinales et Santé animale».

REMERCIEMENTS

Les auteurs de cet ouvrage remercient très sincèrement les Professeurs Dorothée D. Tshilanda, Damien S.T. Tshibangu, Nadège K. Ngombe et Paulin K. Mutwale pour leur franche collaboration scientifique.

Ils remercient également l'Académie de Recherche et d'Enseignement Supérieur (ARES) du Royaume de Belgique pour son soutien au renforcement des capacités d'expérimentation et de travail de terrain dans quelques universités de la République Démocratique du Congo (Projet PAH ARES/UNIKIN-2015).

En fin, les auteurs tiennent aussi à remercier l'Université de Gbado-Lite, la Faculté des Sciences en général et le Département de Biologie de l'Université de Kinshasa en particulier, les Chefs de Travaux Benjamin Z. Gbolo et Colette A. Masengo pour leur soutien et accompagnement.

Les auteurs

RESUME

Les primates non humains ont un comportement social proche de celui de l'homme et constituent un bon modèle pour la compréhension des maladies humaines. Ces animaux adoptent une alimentation particulière quand ils présentent quelques symptômes du paludisme en sélectionnant les plantes spécifiques pour le contrôle de l'infection parasitaire, alors que celle-ci provoque l'hémolyse des érythrocytes (comme fait aussi la polymérisation de l'hémoglobine S dans les érythrocytes falciformes). Ainsi, les espèces des plantes faisant partie de la pharmacopée des bonobos seraient potentiellement non toxiques pour l'homme et pourraient fournir des composés anti-hémolytiques et anti-drépanocytaires.

Le but de la présente étude était d'évaluer la composition chimique et la bioactivité des extraits d'écorce de tige de *Canarium schweinfurthii* contre la drépanocytose et les bactéries associées. Les activités anti-drépanocytaires et antibactériennes ont été réalisées en utilisant respectivement les méthodes d'Emmel et de micro-dilution. Les résultats ont révélé que l'écorce de la tige de *Canarium schweinfurthii* contient divers métabolites secondaires tels que les anthocyanines, les flavonoïdes, les tanins, les quinones, les saponines, les alcaloïdes, les stéroïdes, les terpénoïdes et les leuco-anthocyanines. L'extrait de n-hexane (solvant non polaire) a donné un faible rendement que les extraits obtenus dans les solvants polaires qui ont un rendement élevé. Les flavonoïdes étaient plus concentrés dans le méthanol alors que les anthocyanes étaient concentrés dans le méthanol acidifié tandis que les tanins étaient concentrés dans le n-hexane (tannins condensés). Le rendement d'extraction des acides organiques/triterpéniques (extrait riche en acide bétulinique) était de 0,75%. Tous les extraits testés ont montré une activité anti-drépanocytaire. L'extrait d'acide organique était le plus intéressant avec une DE_{50} égale à 12,5 µg/mL. Alors que l'activité antibactérienne des différents extraits était faible vis-à-vis des souches bactériennes testées (CMI>250 µg/mL). Cette activité antibactérienne peut être améliorée par fractionnement bio-guidé de l'extrait d'acétate d'éthyle ou de la fraction soluble dans le méthanol.

Cette étude fournit pour la première fois une base scientifique pour l'activité anti-drépanocytaire *in vitro* de *C. schweinfurthii*.

Mots-clés : Pharmacopée des grands singes, Drépanocytose, *Canarium schweinfurthii,* Rivière Ebola, Nord-Ubangi

TABLE DES MATIÈRES

INTRODUCTION

L'Organisation Mondiale de la Santé reconnait que la médecine traditionnelle ou complémentaire occupe une part importante dans le système de soins de santé mondiale (Burton *et al.*, 2015). En Afrique il est estimé que plus de 80% de la population continuent à faire confiance aux espèces médicinales pour subvenir à leurs besoins de soin de santé (Ngbolua *et al.*, 2011a, b). Cependant, il faut noter que la faiblesse de cette médecine demeure le refus des guérisseurs traditionnels à partager leurs secrets afin de permettre aux scientifiques de les intégrer dans le système sanitaire moderne.

A cet effet, la pharmacopée des grands singes ou zoopharmacognosie devient une stratégie très prometteuse à cause de la proximité phylogénétique entre les humains et les primates non humains tels que les bonobos (*Pan paniscus*) (Krief, 2004 ; Ngbolua *et al.*, 2015). Ces primates non humains (PNH) sont endémiques à la forêt pluviale de la République Démocratique du Congo. Ils ont un comportement social proche de celui de l'homme et constituent un bon modèle pour la compréhension des maladies humaines.

En effet, les bonobos auraient co-évolué avec les parasites de la malaria dans les régions tropicales. Ces animaux adoptent une alimentation particulière quand ils présentent quelques symptômes du paludisme en sélectionnant les plantes spécifiques pour le contrôle de l'infection parasitaire, alors que celle-ci provoque l'hémolyse des érythrocytes (comme fait aussi la polymérisation de l'hémoglobine S dans les érythrocytes falciformes) (Ngbolua, 2012 ; Krief *et al.*, 2010). Ainsi, les espèces des plantes faisant partie de la pharmacopée des bonobos seraient potentiellement non toxiques pour l'homme et pourraient fournir des composés anti-hémolytiques et anti-drépanocytaires.

En outre, bon nombre de travaux ont aussi mis en évidence la contribution des antioxydants exogènes apportés par l'alimentation dans la lutte contre les maladies associées au stress oxydatif. Ces antioxydants, essentiellement d'origine végétale, sont apportés sous forme des composés phénoliques en général (Yousfi *et al.*, 2007 ; Lageurre *et al.*, 2007) et les flavonoïdes et anthocyanes en particulier ayant diverses propriétés physiologiques telles que les activités antiallergique, anti-arthérogénique, anti-inflammatoire, hépato-protective, antimicrobienne, antivirale, antibactérienne, anticarcinogénique, anti-thrombotique, cardioprotective et vasodilatoire, antidrépanocytaire, etc. (Middleton *et al.*, 2000 ;

Ksouri *et al.*, 2007 ; Mpiana *et al.,* 2007). A cet effet, des programmes de recherche sont actuellement dédiés aux nutraceutiques en vue d'une meilleure prise en charge des maladies provoquées par le stress oxydatif allant de l'artériosclérose au cancer, en passant par les maladies inflammatoires, les ischémies, le vieillissement (Meziti, 2009) et la drépanocytose.

L'activité biologique de ces substances naturelles est attribuée à leurs effets antioxydants qui sont dus à leur propriété redox très important dans la séquestration et la neutralisation des radicaux libres et le piégeage de l'oxygène, ou la décomposition des peroxydes (Nijveldt *et al.,* 2001).

Sur le plan épidémiologique, environ 5% de la population mondiale naissent chaque année, atteints de la drépanocytose, une anomalie génétique caractérisé par un stress oxydant, dont 300.000 enfants africains (Wajcman, 2003).

L'espérance de vie des drépanocytaires est inférieure à 20 ans et au moins 80% d'enfants drépanocytaires meurent avant l'âge de 5 ans en cas d'absence de prise en charge médicale et seulement moins de 18% arrivent à l'âge adulte. C'est la première maladie génétique en Afrique par le nombre des malades et constitue un problème majeur de Santé Publique (Girot *et al.,* 2003).

Dans l'objectif de valider scientifiquement la bio-activité des plantes consommées par les PNH, *Canarium schweinfurthii* Engl. a été choisi dans l'hypothèse que cette plante contiendrait des métabolites secondaires susceptibles de lui conférer des propriétés anti-drépanocytaires et/ou antibactériennes. Les infections bactériennes étant l'une des causes de la mortalité élevée chez les enfants drépanocytaires. Ce travail avait pour objectifs spécifiques :

o De déterminer la composition qualitative et quantitative de *Canarium schweinfurthii* ;

o De fractionner cette plante à l'aide des solvants à polarité croissante ;

o D'extraire les acides organiques ;

o D'évaluer les activités antifalcémiantes et antibactériennes de différents extraits.

L'intérêt de cette étude est évident car en cas de validation de ces activités biologiques, la convergence d'utilisation de cette plante aussi bien par les animaux (zoopharmacognosie) que par les humains (ethnopharmacologie) sera scientifiquement confirmée. Ceci permettrait ainsi de promouvoir l'utilisation de cette plante médicinale pour le traitement de cette maladie, en vue de réduire le taux de mortalité des drépanocytaires.

Outre l'introduction et la conclusion, cet ouvrage est subdivisé en deux grandes parties.

o	La première est consacrée aux données bibliographiques qui traitent les généralités sur la drépanocytose et la plante médicinale utilisée.

o	La deuxième partie est expérimentale et est subdivisée en deux chapitres : le premier donne le matériel et les méthodes utilisés tandis que le deuxième présente les résultats et leur discussion.

I.1. Drépanocytose

I.1.1. Définition et physiopathologie

La drépanocytose, ou anémie falciforme, est une maladie génétique, héréditaire et transmise de façon autosomale récessive. Elle se caractérise par une anomalie de l'hémoglobine, protéine présente dans les globules rouges, qui assure le transport de l'oxygène dans le sang (El Barjraji *et al.,* 2004).

Cette malformation est due à une mutation ponctuelle dans la chaine β à la position 6 du codon (GAG- GTG) entrainant précisément le remplacement de l'acide glutamique, un acide aminé polaire par la valine, un acide aminé non polaire, (Glu-Val) (Mpiana *et al,.* 2007a).

Sur le plan physiopathologique, les personnes atteintes présentent des poussées de douleurs ponctuelles appelées crises vaso-occlusives, une anémie hémolytique et une sensibilité accrue aux infections (Ngbolua *et al,* 2013). La rate étant atteinte, les individus sont également plus sensibles aux infections (Anoosha *et al*, 2004).

I.1.2. Epidémiologie, fréquence et distribution géographique

La drépanocytose est très répandue dans le monde notamment au Proche-Orient, dans le bassin méditerranéen, en Afrique, Asie et Amérique (Mbiya, 2011 ; Gomez *et al.,* 2003 ; Ngbolua., 2012). La répartition géographique de la drépanocytose se superpose à celle des zones d'endémie palustre suite à la migration des populations originaires de ces régions.

Sur le plan épidémiologique, environ 5% de la population mondiale naissent chaque année, atteints de cette anomalie génétique, dont 300.000 enfants africains (Wajcman, 2003), environ 2,9% porteuse d'une mutation drépanocytaire, soit 120 millions de personnes (Bardakjian et Wajcman, 2004). Il s'agit de la première maladie génétique au monde.

L'Afrique Subsaharienne reste la partie la plus touchée avec des régions pouvant atteindre jusqu'à 25% des porteurs du trait drépanocytaire en Afrique Centrale et 15 à 20% en Afrique de l'Ouest (Mbiya, 2011 ; Gomez *et al.*, 2003).

L'Organisation Mondiale de la Santé (OMS) estime qu'en République Démocratique du Congo (R.D.C.) le taux des porteurs AS est de 25 à 30% et l'incidence annuelle de la forme homozygote SS est autour de 15 sur 1000 naissances. Environ 50.000 nouveau-nés naissent avec la forme homozygote, soit environ 2% de la population sont drépanocytaires (Tshilolo & Aissi, 2009 ; Aubry, 2015).

Les drépanocytaires homozygotes ont une espérance de vie inférieure à 20 ans au moins 80% d'enfants drépanocytaires meurent avant l'âge de 5 ans en cas d'absence de prise en charge médicale et seulement moins de 18% arrivent à l'âge adulte. C'est la première maladie génétique en Afrique par le nombre des malades et constitue un problème majeur de santé publique (Girot *et al.*, 2003).

Le paludisme est une érythrocytopathie hémolysante causé par un parasite du genre *plasmodium*. Le genre comprend quatre espèces spécifiques à l'homme dont une seule est responsable des formes graves de la maladie (*Plasmodium falciparum*) (Gentilini, 1986). C'est une endémie majeure qui provoque de grands ravages dans la presque totalité des pays en développement et particulièrement en Afrique.

I.1.3. Relation drépanocytose-paludisme : Base immunologique.

L'aire de distribution de la drépanocytose coïncide avec celle du paludisme. Cette superposition montre que les fréquences élevées du gène β^s qui gouverne le caractère drépanocytaire surviennent dans les régions du monde où le paludisme est (ou fut dans le passé) à l'état endémique. Pour qu'une tare génétique létale à l'état homozygote telle que le gène β^s parasite dans la population humaine vivant en régions d'endémie palustre, il faut admettre qu'elle assure aux sujets hétérozygotes un avantage sélectif vis-à-vis du paludisme (Voet et Voet, 1998).

La relation qui existe entre ces deux événements, notamment la protection qu'assurerait le trait drépanocytaire contre les formes graves du paludisme à *P. falciparum* est liée à la présence de l'hémoglobine S.

Ce qui permet de comprendre le rôle du paludisme dans la sélection et maintien du gène en régions d'endémie palustre.

En effet, en culture *in vitro* il a été démontré que la croissance plasmodiale est inhibée sur milieu de culture RPMI 1640 contenant des érythrocytes AS lorsque la pression partielle en oxygène (pO_2) < 5%. En hypoxie, les érythrocytes AS envahis par des jeunes trophozoïtes prendraient la forme en faucile et entraineraient d'intenses réactions oxydatives génératrices des radicaux libres (RL). Ces radicaux libres provoqueraient la peroxydation de lipides membranaires érythrocytaires et conduiraient à l'agrégation des protéines membranaires de type " bande 3". Ces antigènes modifiés s'exprimeraient à la surface des érythrocytes AS parasités et accélèreraient *in vivo* l'acquisition d'auto-anticorps Ig G (Matondo *et al.*, 2006). Le repérage et la destruction des érythrocytes parasités par le système complément et/ou réticulo-endothélial et histiocytaire permettraient de maintenir la parasitémie inférieure au seuil clinique (Aidoo *et al.*, 2002 ; Williams *et al.*, 2005). Par ailleurs, il a été récemment démontré que chez les sujets hétérozygotes il y aurait production de facteur de transcription Nrf2 qui activerait l'expression de l'enzyme hème oxygénase 1 dans les cellules souches hématopoïétiques. Cette enzyme cataboliserait le groupement prosthétique de l'hémoglobine en produisant le monoxyde de carbone et ce dernier sous-produit préviendrait l'accumulation de l'hème libre dans les érythrocytes parasités par *Plasmodium falciparum*. Il semble aussi que chez les hétérozygotes, l'hémoglobine S induirait la suppression des lymphocytes T CD8+ cytotoxiques (Ferreira *et al.*, 2011).

La figure 1.1. donne la distribution géographique de la drépanocytose et du paludisme dans le monde

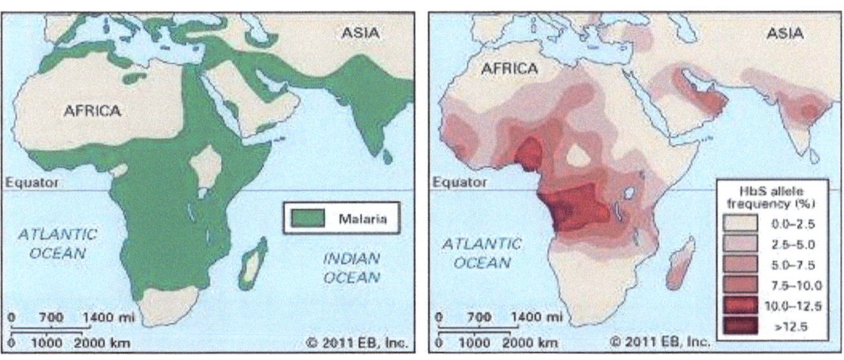

Figure 1. La distribution géographique de la drépanocytose (à droite) et du paludisme (à gauche) dans le monde.

I.1.4. Prévention et traitement

Il existe aujourd'hui des tests permettant le dépistage précoce en vue d'une meilleure prise en charge. Le dépistage anténatal basé sur l'étude de l'ADN, permet de prévenir la naissance d'un enfant atteint. Il est proposé aux couples dont l'un des parents est malade ou aux porteurs hétérozygotes AS (Gernet, 2010). Ainsi, lorsqu'un embryon est reconnu comme homozygote, l'interruption de grossesse peut être proposée.

Le traitement de la drépanocytose peut s'évaluer à deux niveaux : le premier, c'est la médecine moderne et le second recourt aux plantes médicinales (la phytothérapie).

1. Le traitement moderne

Environ 200 greffes ou allogreffes de la moelle osseuse ont été réalisées dans le monde chez des drépanocytaires, permettant d'obtenir la guérison dans 85 % des cas, il requiert cependant un donneur apparenté le plus possible (un frère, une sœur, etc.) (http://www.chu-lyon.fr/web/File/17466).

Le traitement de cette maladie est en général symptomatique reposant sur le traitement des crises vaso-occlusives : antalgiques et mise sous oxygène, la prévention des facteurs déclenchant les crises (froid, altitude, infections : pneumonies (dues au pneumocoque, à *Haemophilus influenzae*), ostéites souvent extensives et plurifoc ales (dues aux *salmonelles* non typhiques, aux *staphylocoques dorés*), méningites (dues aux pneumocoques), infections urinaires, septicémies, chocs septiques. Les accès palustres à *Plasmodium falciparum* entraînent une aggravation de l'anémie. Déshydratation (Aubry, 2015).

2. La phytothérapie

L'Hydroxyurée (HYDREA®) et la Décitabine (DACOGEN®) qui stimulent la synthèse d'Hb F et limitent le risque d'anoxie. Cependant, tous les patients ne répondaient pas à ces drogues et des cas de myelosuppression ont été reportés comme effets indésirables (Platt *et al.,* 2014). L'obstacle à leur utilisation reste le coût qui demeure exorbitant et ne profitent pas aux populations de faible revenue.

DREPANOSTAT® qui, selon son concepteur Dr D'ALMEIDA AYIGAN Oscar, a comme principe actif l'acide hydroxyméthylbenzoïque et agirait en augmentant le taux de Hb F. Il est commercialisé au Togo et obtenu à partir d'extrait de *Fagara xanthoxyloïdes*.

NICOSAN® (HEMOXIN® aux Etats Unis d'Amérique, Nicosan ou Nix-0699), il s'agit d'une teinture obtenue à partir de graines de *Piper guineense*, d'écorces de *Pterocarpus osum*, de fruits d'*Eugenia caryophyllum* et de feuilles de *Sorghum bicolor*. Elle possède également des effets antifalcémiant (Iyamu *et al.*, 2014); initialement lancée au Nigéria par le National Institute for Pharmaceutical Research and Development (NIPRD), Son criblage phytochimique a révélé la présence de flavonoïdes, alcaloïdes, saponines, tanins, glycosides et des traces d'anthraquinones (http://www.google.com.tr/patents/US5800819).

VK-500® mis au point par Dr MEDEGAN FAGLA Jérôme à partir de plusieurs plantes dont *Fagara xanthoxyloïdes* et exploité au Bénin depuis 1999.

I .1.5. Situation de la phytothérapie anti-drépanocytaire en RD. Congo

En République Démocratique du Congo (RDC), le RESUD (**Research for Sustainable Development**), une ONG scientifique de l'équipe des Professeurs Pius T. Mpiana et Jean-Paul K.N. Ngbolua a identifié une centaine des plantes à potentiel anti-drépanocytaire à partir des ressources phytogénétiques de la RDC. L'activité anti-drépanocytaire de ces plantes est attribuée aux anthocyanes, aux acides organiques et aux esters. En effet, depuis plus de 10 ans, cette équipe mène des recherches scientifiques rigoureuses et de haut niveau sur les plantes utilisées en Médecine Traditionnelle pour soigner la Drépanocytose, dans le but d'améliorer la couverture sanitaire du pays. Ces études ont permis d'aboutir à la formulation d'un Médicament Traditionnel Amélioré (MTA) appelé Drepanoalpha®. Ce produit a une posologie quantifiée, son efficacité est scientifiquement confirmée aussi bien *in vitro qu'in vivo* et ses limites de toxicité ont été déterminées confirmant l'innocuité du produit. A cet effet, pour un pays « pauvre » comme la RDC, Drepanoalpha® constitue une opportunité qui permet d'obtenir des réponses thérapeutiques rapides et adéquates, joignant ainsi à une rigueur scientifique [recherche multidisciplinaire (impliquant biologistes, chimistes, pharmaciens et médecins), sécurité, efficacité, qualité] une accessibilité économique des populations aussi bien en milieu urbain que rural dans un contexte de développement durable du pays (Ngolua *et al.*, 2014).

La figure 1.2. donne la structure moléculaire de quelques composés chimiques antidrépanocytaires isolés de plantes médicinales Congolaises par notre équipe de recherche en collaboration avec l'Institut Malgache de Recherches Appliquées (Madagascar), University of Kwazulu Natal (Republic of South Africa), Bila Nutraceuticals Inc. (Canada).

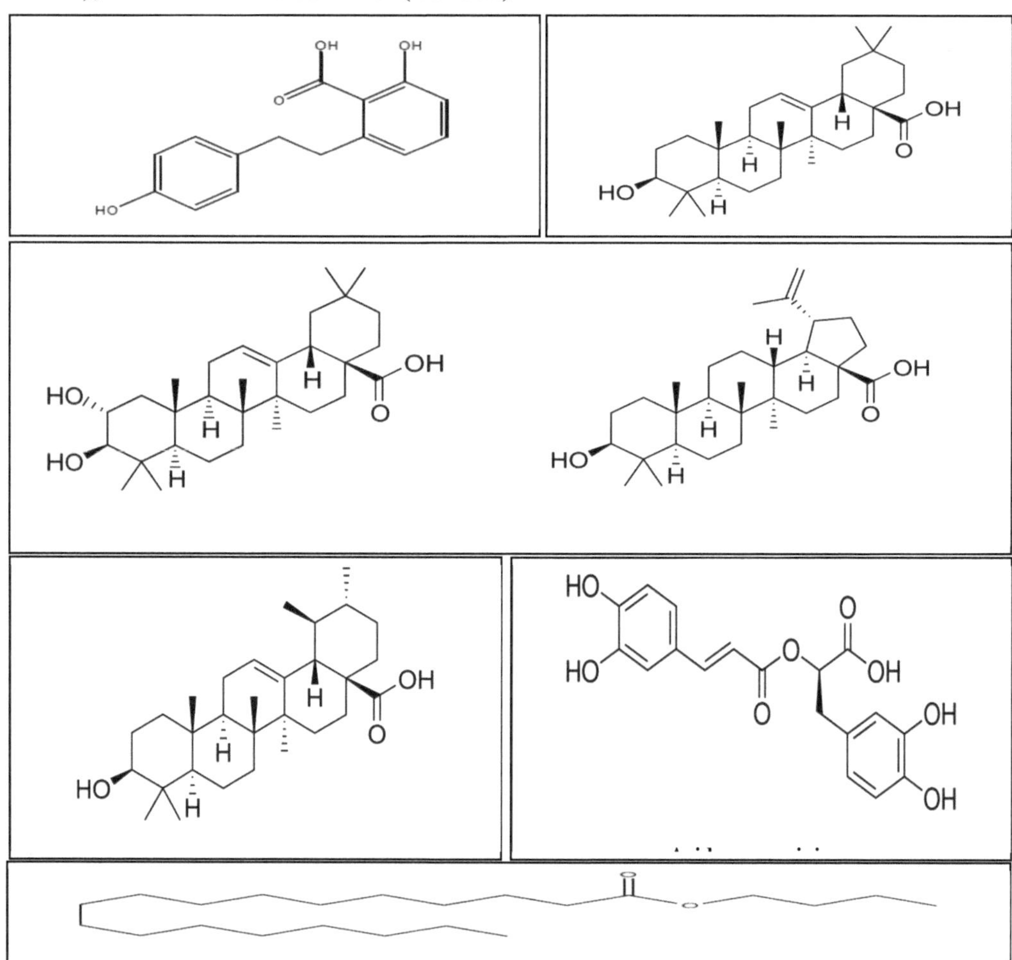

Figure 1.2. Structure moléculaire de quelques composés chimiques antidrépanocytaires isolés de plantes médicinales Congolaises

I.2. Les plantes médicinales

I.2.1. Définition

Les plantes médicinales sont celles utilisé en médecine traditionnelle dont au moins une partie possède des propriétés médicamenteuses (Sanogo, 2006) ou encore qui contiennent un ou plusieurs principes actifs qui peuvent être utilisés à des fins thérapeutiques ou soit de précurseurs dans la synthèse des drogues utiles (Verdrager, 1978). Les plantes médicinales contiennent des groupes chimiques subdivisés en deux catégories principaux, nous avons les métabolites primaires et les métabolites secondaires.

I.2.2. *Canarium schweinfurthii* Engl.

❖ **Description botanique et origine**

Le genre *Canarium* L appartient à la famille de *Burseraceae* Kunth. Dans l'ordre de *Sapindales* Juss.ex Bercht & J. Presl. Cette famille est composée de 18 genres et environ 700 espèces des arbres tropicaux. Ce genre est probablement originaire du continent Nord-Américain, mais pas la terre de Gondwana. Les membres du genre *Canarium* L. sont composés des gros arbres de taille allant jusqu'à 40-50m de haut, ou rarement un arbuste (Mgana & Wiart, 2011).

Canarium schweinfurthii Engl est un grand arbre à feuilles composées, à nombreuses nervures latérales prédominantes. Les fruits sont comestibles. Cette plante oléagineuse est d'une grande richesse culturelle. Il donne une résine blanc-verdâtre, à odeur de térébenthine. Il possède de légers contreforts.

Les jeunes rameaux sont couverts de duvet. Les feuilles sont composées, impaires, en rosettes à l'extrémité des rameaux. Les petites fleurs sont verdâtres. Le fruit est drupacé, ovoïde: petite prune de teinte violacée, à maturité. L'écorce est grisâtre, fortement crevassée. Le bois est blanc-rosé, très tendre (Tchiegang, 2000 ; Tchouamo, 2001).

Feuilles ayant 19 à 23 folioles; rachis pouvant atteindre 45 cm de long. Inflorescences en panicules étroites atteignant 30 cm de long; rachis quelquefois étranglé à la base, strié, pubescent à glabrescent. Fleurs à pédicelles de 1 à 5 mm de long; bractées équilatérale triangulaires à étroitement ovales, tronquées à la base, acuminées au sommet, de 1 à 2 cm de long et 0,5 à 0,6 cm de large, rapidement caduques.

Drupes ellipsoïdes, généralement micro nucléés, de 3 à 4 cm de long et 1,5 à 2cm de large; exo carpe lisse, bleu violacé à maturité; mésocarpe de 2 à 3 mm d'épaisseur; endocarpe de plus ou moins 3mm d'épaisseur. Graines étroitement ovoïdes, tronquées à la base, aiguës au sommet, de 1,5 à 2cm de long et 0,5 à 0,7cm de large.

❖ **Position systématique**

D'après la classification phylogénétique APG III (2014) *Canarium schweinfurthii* Engl. appartient :

Au Clade : Angiospermes

Au Clade : « Dicotylédones vraies » ou Eudicotyledons (anglais « eudicots » ou «eudicotylédons »).

Au Clade : Rosidées (anglais « rosids »).

Au Clade : Malvidées ou eurosidées II (anglais " eurosids II ")

Au Clade : *Sapindales* Juss. Ex Bercht & J. Presl (1820).

A la Famille : *Burseraceae* Kunth (1824)

Au Genre : *Canarium*

Nom vernaculaires : Banga, Ngwendi (kizande); Bidi nkala, Bili, Mbili (kiyombe); Bwele, Mbele, Mobele (lokundu); Kasuku (kiswahili); Mboeri (Madibi); Mpafu (kiluba); Obele (turumbu) ; Bé (kingbandi).

La figure 1.3. donne la répartition géographique de *Canarium schweinfurthii* Engl.

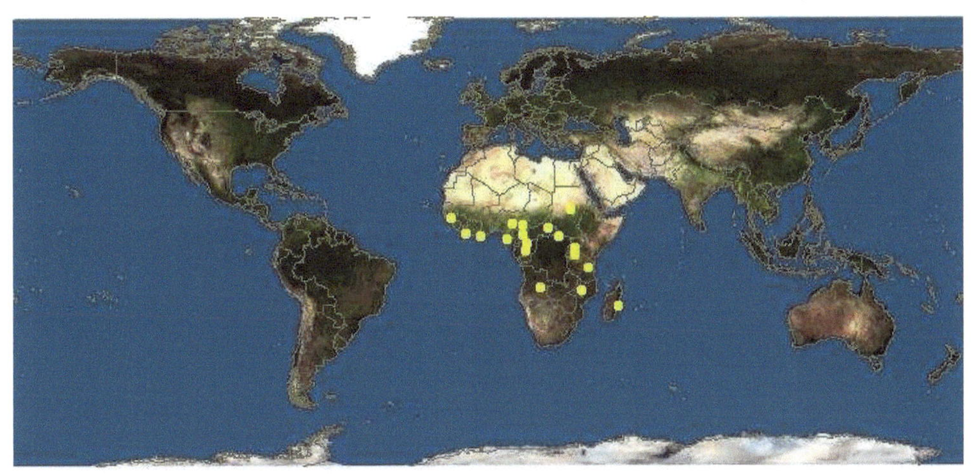

Figure 1.3. : Répartition géographique de *Canarium schweinfurthii* Engl.

Source : www.discoverlife.org

Canarium schweinfurthii Engl. a une aire de distribution vaste, en Afrique au Sud du Sahara, sa limite septentrionale s'étend de la Sierra Leone au Soudan et sa limite méridionale de l'Angola au Tanganyika (Aubreville, 1959 ; Agbo, 1986 ; Viven et Faure, 1996).

Canarium schweinfurthii Engl. est une espèce de forêt équatoriale humide, mais sa présence est signalée dans la zone soudano-guinéenne (Tchouano et Simonet, 1999).

❖ **Donnés ethnobotaniques et pharmacologiques**

Les extraits de l'écorce de la tige de *Canarium schweinfurthii* Engl. Sont utilisées en Afrique pour le traitement des helminthes variés y compris les diabètes mellitus (Kamtchouing *et al.,* 2008).

L'activité analgésique de *Canarium schweinfurthii* Engl. a été évalué à partir des huiles essentielles des résines obtenu par hydro distillation, provenant de la République Centrafricaine ont montré un effet analgésique significatif (Koudou *et al.,* 2005). Antibactériennes et antifongiques (Obame *et al.,* 2007). Utilisées dans l'alimentation et la nutrition au Niger (Ananias *et al.,* 2014).

Celles du Cameroun ont révélé l'activité anti-lipoxygenase (anti-inflammatoire) avec un IC_{50} de 62,6 µg/mL (Dongmo *et al.,* 2010). L'activité anti-oxydante, anti-radicalaire et inhibition de la peroxydation des lipides étaient aussi intéressantes sur hypoxanthine/xanthine (Atawodi *et al.,* 2010).

- **Au Cameroun**

Le décocte de feuilles est un médicament contre la fièvre typhoïde (Aubreville, 1959). Les noyaux de fruits bouilli et refroidi, sont introduits dans un verre d'eau et utilisé contre l'angine, le mélange de cendre de noyau et huile de palme ou palmiste traitent les maladies gastro-intestinales chez l'homme et coccidiose chez les animaux domestiques. Les huiles de ces fruits sont utilisées comme antimicrobien et anti oxydant (Lemuh *et al.*, 2015).

La décoction de l'écorce est un médicament dans nombreux pays (Congo, Sierra Leone et Nigeria), contre les parasites gastro-intestinaux, les maladies respiratoires, les hémorroïdes, les intoxications alimentaires, les ictère et la blennorragie (Tchouamo *et al.*, 2000). L'écorce brûlée permet de lutter contre les charançons (Tchandjou, 1999). Il est aussi ingrédient du philtre.

- **En Ouganda**

La résine sert de fumigeant (insecticide) domestique. Elle soigne les ezéma au Congo. La résine est un combustible pour de torches traditionnelles, pour réchauffé les tamtams, et coller les canaris et calebasses fendus. Elle sert également à la fabrication de l'encens (Njoukam, 1998a).

- **En République Démocratique du Congo**

Les fruits noirs sont comestibles, particulièrement après l'ébullition (cuire). Même si on les laisse tremper dans l'eau chaude, le goût devient plus agréable, les chenilles comestibles (Mbidi) se trouvent sur cet arbre. Le bois est utilisé pour la construction. La résine provenant de coupures dans l'écorce est utilisée pour préparation des pommades, d'encens, d'encre et de vernis. La résine moulue est utilisée pour traiter les hémorroïdes. L'écorce qui a été trempée dans de l'eau calme la toux (Latham et Konda, 2006), cette espèce est utilisée contre la bronchite, les mauvais esprits, les fracture simples, la malposition utérine, la stérilité et comme purgatif. Elle est signalée dans la pharmacopée de Bobangi (Ilumbé, 2006), contre les diarrhées. Chez les populations Pende de la périphérie de la réserve forestière de l'INERA de Kiyatu (Magilu, 2007), elle intervient dans le traitement de la dysenterie amibienne, les hémorroïdes et l'indigestion gazeuse.

- **Au Gabon**

Les fruits se mangent comme ceux de *Dacryodes edulis*, mais ils sont plus longs à cuire. La pulpe de fruits peut contenir 30 à 50 % d'huile suscitant un intérêt, les fruits sont consommés ramollis ou pour accompagner les féculents par les populations (Njoukam, 1998 ; Obame, 2009). L'huile est utilisée pour la fabrication des shampoings, cirages ou comme biocarburants (Agbo, 1992 ; Kapseu, 1996 ; Ajiwe, 2000 ; Tchiegang, 2000). La résine est employée pour faire des torches (Aubreville, 1959), ou en fumigène pour éloigner les moustiques (Burkill, 1985. La résine est utilisée en médecine traditionnelle pour le traitement de diverses maladies telles que des plaies et infestions microbiennes (Kerhaho, 1974). L'écorce des jeunes arbres est employée pour la confection de boîtes cylindriques. Elle est aussi utilisée pour ses propriétés émollientes, stimulantes et diurétiques. Le bois est débité en planches ou sert aux populations locales à fabriquer les pirogues et auges.

- **En Angola**

Elle est utilisée pour traiter les ulcères mais aussi comme insecticide. Les abeilles visitent les fleurs (Latham et Konda, 2006).

- **En Tanzanie**

Ces huiles sont utilisées dans les traitement des infections et le paludisme (Moshi *et al.*, 2012).

- **En République du Congo**

Cette plante a pour usage médico-magique et est capable de mettre une personne en colère (Bitsindou et Diafouka, 1993, Lassa, 2012).

Chapitre 2. MATERIELS ET METHODES

2.1. Site de récolte des échantillons de Canarium scheinfurthii **Engl.**

Les échantillons de plante ont été récoltés par le Professeur Ngbolua Koto-te-Nyiwa dans la province du Nord-Ubangi et authentifié par Justin A. Asimonyio, botaniste et chercheur au Centre de Surveillance de la Biodiversité de l'Université de Kisangani (Herbier N0 0022 NGB-2015/Unigba).

La Figure 2.1. donne la localisation géographique du site de récolte des échantillons de *Canarium schweinfurthii* Engl.

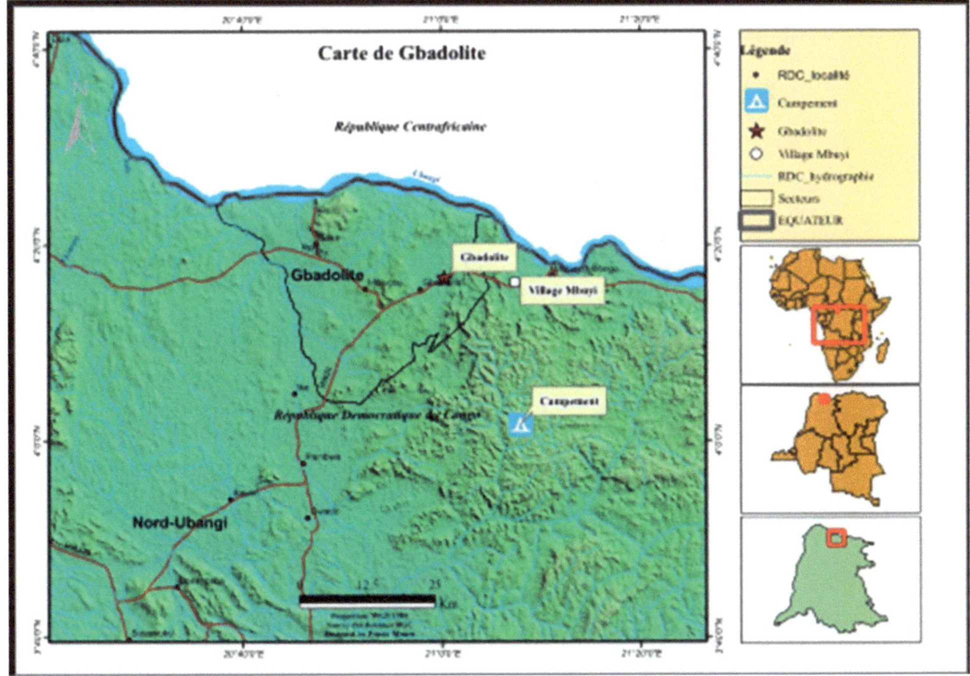

Figure 2.1. : Représentation géographique du site de récolte des échantillons de *Canarium schweinfurthii*.

2.2. Matériels biologiques

Dans cette étude nous avons utilisé les écorces de *Canrium schweinfurthii* Engl. Une fois séchée dans les conditions utilisées dans la pharmacopée traditionnelle (dix jours à 33 °C en atmosphère sèche), la partie de la plante est broyée, puis tamisée afin d'obtenir une poudre fine.

Les échantillons du sang utilisés ont été prélevé sur les sujets drépanocytaires venus en consultation au Centre de Médecine Mixte et d'anémie SS situé dans la commune de Kalamu (Quartier Mabanga à Yolo Sud).

Deux souches bactériennes âgées de 24 heures et provenant du Laboratoire de Bactériologie de la Faculté des Sciences Pharmaceutiques de l'Université de Kinshasa ont été testées. Il s'agit notamment d'*Escherichia coli* ATCC 25922 et de *Staphylococcus aureus* ATCC 1103.

2.3. Méthodes

2.3.1. Etudes phytochimiques

❖ **Screening chimique**

Le screening chimique a été réalisé selon la technique standard comme précédemment décrit (Sofowora, 1996).

● **Préparation de l'extrait aqueux**

Peser 10 g de la poudre de la plante et y ajouter 100 ml d'eau distillée. Laisser reposer pendant 48 heures, puis filtrer. Le filtrat constitue le macéré.

➢ **Recherche des polyphénols**

Prendre 1 ml d'extrait aqueux dans un tube à essai, y ajouter 1 ml de réactif de Burton. En présence des polyphénols, la solution se colore en bleu intense (parfois accompagné d'un précipité). Après, rechercher systématiquement les différents composés polyphénoliques (flavonoïdes, anthocyanes, leucoanthocyanes, tanins, quinones, etc.).

➢ **Recherche des flavonoïdes**

Dans un tube à essais, mettre 3 ml de l'extrait aqueux, ajouter 1 ml de réactif de Shinoda avec quelques copaux de magnésium. Y ajouter ensuite 1 ml d'alcool isoamylique.

La formation d'un film mince de coloration orangée (flavones), rouge cerise (flavonols) ou violacée (flavonones) démontre la présence des flavonoïdes.

> ### ➢ **Recherche des anthocyanes**

A 3 ml d'extrait aqueux, ajouter 2 ml de HCl 20 % et chauffer au bain marie. En présence des anthocyanes, il se développe une coloration rouge violacée de chlorure d'anthocyane qui peut cristalliser.

> ### ➢ **Recherche des leucoanthocyanes**

A 3 ml d'extrait aqueux, ajouter quelques goûtes de réactif de Shinoda, puis chauffer au bain marie. Une coloration rouge ou violacée dans la couche surnageante est un test positif.

> ### ➢ **Recherche des tanins**

On prélève 5 ml de l'extrait aqueux dans un tube à essai dans lequel on ajoute 1 ml de $FeCl_3$ 1 %. L'apparition d'une coloration verte avec ou sans précipité, indique la présence des tanins de façon générale. Si le test est positif on peut différencier les tanins galliques des tanins catéchiques de la manière suivante :

✓ A 5 ml d'extrait aqueux, ajouter 5 ml de réactif de Stiasny et chauffer au bain marie à 90° C pendant 30 minutes, un précipité brun indique la présence des tanins catéchiques.

✓ Filtrer en cas de présence des tanins catéchiques, saturer le filtrat avec des cristaux de CH_3COONa.

✓ Ajouter 1 ml de $FeCl_3$ 2%. Une coloration noirâtre indique des tanins galliques.

> ### ➢ **Recherche de quinones liées**

A 5 ml de l'extrait aqueux, ajouter 1 ml de réactif de Börntrager (NaOH 10 % ou NH_4OH 10%) et agiter énergiquement. L'apparition d'une coloration allant de l'orange au rouge vif dénote la présence de quinones liées.

> ### ➢ **Recherche des alcaloïdes**

A 5 ml d'extrait aqueux, ajouter 1 ml d'acide chlorhydrique 1N et 0,05 ml de réactif de Draggendoff, il se forme un précipité orange, indiquant ainsi la présence d'alcaloïdes dans l'échantillon.

> **Recherche des saponosides**

Placer 2 ml d'extrait aqueux dans un tube à essai, puis agiter énergiquement. L'apparition d'une mousse persistante atteste la présence des saponines.

- **Préparation de l'extrait organique**

Peser 10 g de la poudre de la plante et y ajouter 100 ml de méthanol. Laisser reposer pendant 48 heures, puis filtrer.

> **Recherche des stéroïdes et des triterpenoïdes**

A 5 ml de l'extrait organique évaporé à sec, ajouter 1 ml d'anhydride acétique et laisser ensuite couler sur la paroi interne du tube à essai 0,05 ml de H_2SO_4 concentré (réactif de Leibermann ; H_2SO_4 concentré + $[(CH_3CO)_2O]$. Une coloration violette indique la présence des triterpénoïdes et stéroïdes en mélange. Séparément, les terpènes donnent un complexe mauve, tandis que les stéroïdes développent une coloration verte.

❖ **Extraction fractionnée**

Cinquante grammes de poudre de *Canarium schweinfurthii* Engl. (écorces) ont été macérés pendant 48 heures dans les solvants à polarité croissante (n-hexane, Acétate d'éthyle, méthanol et méthanol acidifié) respectivement selon le rapport 1 : 10 (p/v). Après filtration, les filtrats ont été concentrés à l'évaporateur rotatif puis évaporer à sec à l'étuve à 40 °C pendant 48 heures.

❖ **Extraction des acides organiques**

A l'aide d'une balance nous avions pesé 40 g de la poudre de matériel végétal et macéré dans 408 ml de solvant (400 ml de dichlorométhane ; 4 ml de méthanol et 4 ml l'hydroxyde d'ammonium à 80% ; 100 :1 :1) à pH = 10, pendant 48 h. Après filtration l'extrait est évaporé à sec sous pression réduite dans un évaporateur rotatif type Buchi R-461. L'extrait sec est re-dissous dans le dichlorométhane et incubé pendant 30 minutes puis les acides organiques sont précipités avec une solution aqueuse d'acide citrique à 5% (1 :1 v/v) pH= 2. Le précipité est récupéré et évaporé à sec à l'étuve à 40 °C.

❖ **Dosage des phyto-marqueurs (NGILA, 2015)**

Les échantillons pour les analyses quantitatives ont été préparés à partir de 10 mg de chaque extrait dissous dans 50 ml de solvant (méthanol)

o **Les polyphénols totaux**
> ***Préparation du réactif de Folin-Ciocalteu***

Dix grammes (10 g) de Tungstate de sodium ($Na_2WO_4.2H_2O$) et 2,5 g de Molybdate de sodium ($Na_2MoO_4.2H_2O$) sont dissous dans 70 ml d'eau distillée. Ajouter 50 ml d'acide phosphorique (H_3PO_4) à 85% (d=1,71) et 10 ml d'acide chlorhydrique concentré à 36% (d=1,19). Porter à l'ébullition sous reflux pendant dix heures, ajouter ensuite 15 g de sulfate de lithium (Li_2SO_4), quelques gouttes de brome et porter à nouveau à l'ébullition pendant 15 minutes. Refroidir et compléter à 100 ml avec de l'eau distillée.

> ***Teneur en polyphénols totaux***

La teneur en polyphénols totaux existant a été déterminée par la méthode de Folin-Calciolteu. Une quantité de 200 microlitre de l'extrait est mélangé avec 1ml du réactif de Folin-Calciolteu fraichement préparé (10 fois dilué) et 0,8ml de carbonate de sodium (Na_2CO_3) à 7,5%. L'ensemble est incubé à 50 °C pendant 30 minutes et la lecture est effectuée contre un blanc à l'aide d'un spectromètre à 765 nm. La teneur en polyphénols totaux (exprimée en équivalent acide gallique) est donnée par la relation: $Y = 0,006x - 0,002$; $R^2 = 0,997$.

o **Les Tanins**

A 1mL de l'extrait est ajouté à 7,5 ml d'eau distillée et 0,5 ml de Folin-Ciocalteu et 1 ml de carbonate de sodium (Na_2CO_3) à 35%. L'absorbance a été mesurée à 725 nm. La teneur en tanins (exprimée en équivalent acide tannique) est donnée par la relation: $Y = 0,443x - 0,264$; $R^2 = 0,720$.

o **Les flavonoïdes**

La teneur en flavonoïdes des extrais a été déterminée en utilisant la méthode colorimétrique de trichlorure d'aluminium. Une quantité de 100 microlitre de l'extrait a été mélangé avec 4 ml d'eau distillée et par la suite 0,3 ml d'une solution de nitrite de sodium ($NaNO_2$) à 5%. Après quelque minutes 0,02 ml d'une solution de $AlCl_3$ à 10% a été ajouté. On additionne au mélange 2 ml de solution de Na_2CO_3 1M et le tout dilué dans 10 ml d'eau distillée après 5 minutes de repos.

L'ensemble est agité à l'aide d'un vortex et l'absorbance a été mesurée à 510 nm. La teneur en flavonoïdes (exprimée en équivalent quercétine) est donnée par la relation: $Y = 0,009x + 0,006$; $R^2 = 0,999$.

o **Les anthocyanes** (Méthode de Stefano, Cravero et Gentiline)

Les échantillons sont dilués avec le mélange éthanol/H_2O/HCl concentré dans la proportion (70 : 30 : 1; v/v/v) et l'absorbance est mesuré à 540 nm. La teneur en anthocyanes totaux (exprimée en équivalent malvidine-3-glucoside) est donnée par la relation: $TA = A_{540} \times 16.7 \times d$ (avec d= facteur de dilution).

2.3.2. Etudes biologiques

o **Activité anti-drépanocytaire** *in vitro*

• *Critères d'inclusion*

Pour être inclus dans cette étude, le sang devrait provenir des patients drépanocytaires homozygotes dont le statut hémoglobinique a été prouvé par électrophorèse d'hémoglobine (sur gel d'acétate de cellulose à pH alcalin) et n'ayant pas été transfusés dans les quatre mois qui précédent la prise de sang, quel que soit l'âge et le sexe.

• *Prélèvement et conservation des échantillons du sang*

Le prélèvement d'un échantillon sanguin de 5 ml de sang total sur EDTA dans un rapport 1/5 (un volume d'EDTA pour quatre volumes de sang) est conservé à 4 °C pendant une durée ne dépassant pas 8 jours avant l'utilisation. Les échantillons de sang drépanocytaire ont été obtenus au Centre de Médecine Mixte et Anémie SS situé dans le quartier Yolo-Sud dans la commune de Kalamu à Kinshasa.

• *Aspects éthiques*

L'étude a été soumise à l'approbation du Comité d'éthique du Département de Biologie de l'Université de Kinshasa (N0. Réf. : CDB/FSC/MMJ/039/MM/2015). Les échantillons de sang malade ont été fournis par consentement libre et éclairé du Centre et l'étude n'a pas représenté un risque pour les sujets drépanocytaires.

o **Test d'Emmel**

L'échantillon de sang a été mélangé avec les extraits de plante à différentes concentrations en utilisant la solution physiologique (NaCl 0,9%) comme solvant de dissolution. Le témoin est constitué du sang drépanocytaire dilué sans extrait. L'effet des différents extraits est observé en microscopie optique après un délai d'exposition de 24 puis 48 heures en conditions d'hypoxie et isotonique afin d'évaluer la durée de persistance de l'effet antifalcémiant. Un appareil photographique numérique a été utilisé pour enregistrer les images microscopiques des érythrocytes obtenues. Ces microphotographies ont ensuite été traitées par le logiciel informatique MOTIC images 2000, version 1.3 (Mpiana *et al.,* 2010).

o **Activité antibactérienne**

L'activité antibactérienne a été évaluée par la méthode de micro-dilution en milieu liquide comme précédemment rapportée (Ngbolua *et al.,* 2014e, 2014f). L'extrait à tester (20 mg) est préalablement dissout dans 250 µl de DMSO et le volume final est ajusté à 5 ml avec le milieu de culture Mueller Hinton (Concentration finale en DMSO égale à 5%). La suspension bactérienne est préparée en plaçant dans 2ml d'eau physiologique, deux colonies isolées des souches à tester (*Escherichiacoli* ATCC 25922 et *Staphylococcus aureus* ATCC 1103) et en incubant pendant 24 heures en vue d'obtenir 0,5 McFarland (10^8 cellules/ml).La suspension bactérienne est ensuite diluée de façon à obtenir 10^6 cellules/ml (dilution 1/100).

Le test de micro-dilution a été réalisé dans des microplaques stériles en polystyrène de 96 puits à fond rond. Brièvement, 100 µl de milieu de culture ont été placés dans les puits (A2 à A8, B2 à B8, C2 à C8, D2 à D8, E2 à E8 et F2 à F8 puis dans la 11ème et la 12^{ème}colonne servant témoin).

A l'aide d'une micropipette, 200 µl de chaque extrait à tester (1000 µg/ml) sont placés respectivement dans les puits A1 (extrait 1 : acétate d'éthyle), B1 (extrait 2 : méthanol), C1 (extrait 3 : méthanol acidifié) et D1 (extrait 4 : acides organiques), G1 (n-hexane). 100 µl de chacune de solution mère d'extrait sont ensuite prélevés en vue d'effectuer des dilutions sérielles de 2 en 2 jusqu'à la huitième colonne. Les 100derniers microlitres (colonne 8) sont éliminés. 5µl de l'inoculum (10^8 CFU/ml) sont prélevés de façon aseptique avec une micropipette et transférer dans tous les puits de la microplaque à l'exception des puits de la 11^{ème}colonne pour le contrôle de la croissance bactérienne (inoculum et milieu de culture). Les puits de la 12^{ème}colonne ont servi de contrôle de stérilité de milieu de culture. Les microplaques ont été incubées à l'étuve à 37°C pendant 24heures. Après cette période, 5µl de colorant Resazurine 1% (7-Hydroxy-3H-phenoxazin-3-one 10-oxide) ont été ajoutés dans chaque puits et les microplaques ont ensuite été incubées pendant 5 heures. La concentration minimale inhibitrice (premiers puits ne présentant aucune croissance bactérienne) a été déterminée après 24, 48 et 72 heures.

Chapitre 3. RESULTATS ET DISCUSSION

3.1. Screening chimique et valeur moyenne des phytomarqueurs

Le tableau 1. donne les résultats du screening chimique effectué sur les phases aqueuse et organique de *Canarium schweinfurthii* Engl.

Tableau 3.1. : Résultat du screening chimique de *Canarium schweinfurthii* Engl.

Composés recherchés	Partie utilisée (Ecorces de la tige)
Polyphénols	+
Flavonoïdes	+
Tanins	+
Quinones liées	+
Saponines	+
Alcaloïdes	+
Leuco-anthocyanes	+
Anthocyanes	+
Stéroïdes et triterpenoides	+
Quinones libres	−

(Légende : + composés chimiques recherchés présents, – composés absents).

Il ressort de ce tableau que les écorces de *Canarium schweinfurthii* Engl. sont riches en métabolites secondaires, notamment des poly-phénols, flavonoïdes, tanins, quinones liées, anthocyanes, leuco-anthocyanes, saponosides, alcaloïdes, stéroïdes, triterpénoides, mais les quinones libres sont absentes. Ces résultats corroborent ceux publiés par Ngbede *et al.* (2008).

Le tableau 3.2. donne la teneur de différents extraits de *Canarium schweinfurthii* Engl. en phyto-marqueurs. Les valeurs données sont des moyennes d'au moins trois déterminations (moyenne ± écart-type).

Tableau 3.2. Composition chimique de différents extraits de *Canarium schweinfurthii* Engl. en phyto-marqueurs

Extrait	Rendement (%)	Métabolites secondaires			
		Polyphénols totaux (µg GAE/g)	Flavonoïdes (µg QE/g) (ratio)	Anthocyanes (µg M-3GE/g) (ratio)	Tannins (µg TAE/g) (ratio)
n-hexane	0.22	32.390 ± 0.190	0.440±0.220 (0,0135)	0.172±0.009 (0,0053)	0.850±0.005 (0,026)
Acétate d'éthyle	0.48	146.660 ± 0.500	0.940±0.395 (0,0064)	0.467±0.029 (0,0031)	1.056±0.002 (0,007)
Méthanol	1.36	92.220 ± 0.190	2.366±0.127 (0,2565)	0.400±0.016 (0,0043)	0.952±0.030 (0,010)
Méthanol acidifié	1.22	77.660 ± 0.835	1.366±0.353 (0,0175)	0.550±0.016 (0,0070)	0.864±0.025 (0,011)

(GAE : équivalent acide gallique ; QE : équivalent quércetine ; M-3-GE : équivalent malvidine-3-glucoside; Ratio: rapport flavonoides, anthocyanes, ou tanins sur poly-phenols totaux)

Il ressort de ce tableau que l'extrait de n-hexane (solvant apolaire) a un faible rendement par rapport aux extraits obtnus dans les solvants polaires qui ont un rendement élevé. Il est aussi revelé que les metabolites recherchés dans les écorces de *C. schweinfurthii* Engl. passent facilement dans les solvants polaires (acetate d'éthyle et le methanol). Il faut en outre noter que les flavonoids sont plus concentrés dans le methanol (ratio égal 0,2565) alors que les anthocyanes sont plus concentrés dans le méthanol acidifié (ratio égal 0,0070) tandis que les tanins sont plus concentrés dans le n-hexane. Dans ce dernier cas, il pourrait s'agir des tanins condensés.

Le rendement d'extraits d'acides organiques/triterpenoiques est de 0.75%.

3.2. Activites biologiques

o Activite anti-drepanocytaire

Les résultats du test d'activité anti-drépanocytaire des extraits à n-hexane, acetate d'éthyle, méthanol, méthanol acidifié et des acides organiques sont donnés dans la figure 3.1. ci-dessous.

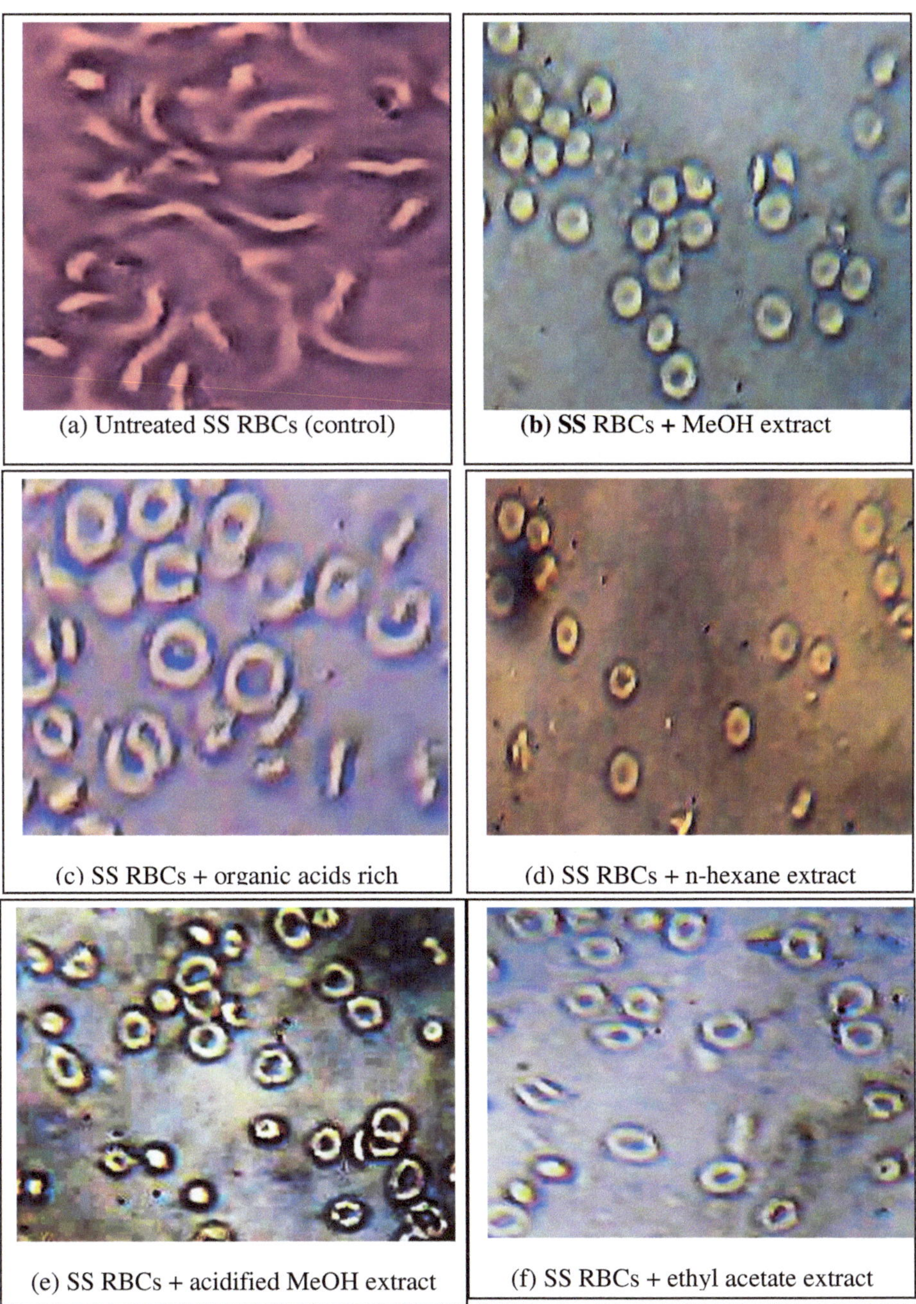

<table>
<tr><td>(a) Untreated SS RBCs (control)</td><td>(b) SS RBCs + MeOH extract</td></tr>
<tr><td>(c) SS RBCs + organic acids rich</td><td>(d) SS RBCs + n-hexane extract</td></tr>
<tr><td>(e) SS RBCs + acidified MeOH extract</td><td>(f) SS RBCs + ethyl acetate extract</td></tr>
</table>

Figure 3.1.: Morphologie des erythrocytes non traités (a) ou GR SS traités avec 50 µg/mL d'extraits *de Canarium schweinfurthii* (b-f) (X500), [NaCl 0.9%;

Comme on peut l'observer sur la figure 3.1. (a), tous les drépanocytes sont de phénotype falciforme. Ceci montre que le sang utilisé provient d'un sujet [2]drépanocytaire. En effet, on y observe de nombreux érythrocytes falciformes. Dans nos conditions expérimentales, cette falciformation a été induite par les actions combinées du métabisulfite de sodium à 2% et de la paraffine, toutes concourant à créer l'hypoxie (Mpiana *et al.*, 2007a, 2007b). Par contre, dans les figures 3.1. (b) à (g), on constate que pour le sang SS traité avec les différents extraits de *Canarium swheinfurthii* Engl., les hématies reprennent la forme normale biconcave, alors qu'ils sont placés dans les mêmes conditions d'hypoxie que le témoin en présence du métabisulfite de sodium.

Ces résultats sont non seulement intéressants du fait qu'ils confirment l'activité anti-drépanocytaire de *Canarium schweinfurthii* Engl., mais aussi par le fait que les acides organiques plus stables du point de vue physico-chimique prêteront mieux à une étude phytochimique plus approfondie. L'inhibition de la falciformation est une preuve de l'activité pharmacologique de cette plante. Ces résultats sont conforment à nos travaux antérieurs qui ont montré que les acides bétulinique, maslinique, ursolique et lunularique sont doués des propriétés anti-drépanocytaires (Ngbolua *et al.*, 2016). Les acides triterpénoiques peuvent être extraits par les solvants apolaires (n-hexane, dichlorométhane) tandis que les acides phénoliques sont extraits par les solvants polaires (acétate d'éthyle et méthanol).

La figure 3.2. donne le spectre ultra-violet d'extrait d'acides organiques de *Canarium schweinfurthii* Engl. (en milieux aqueux et organique).

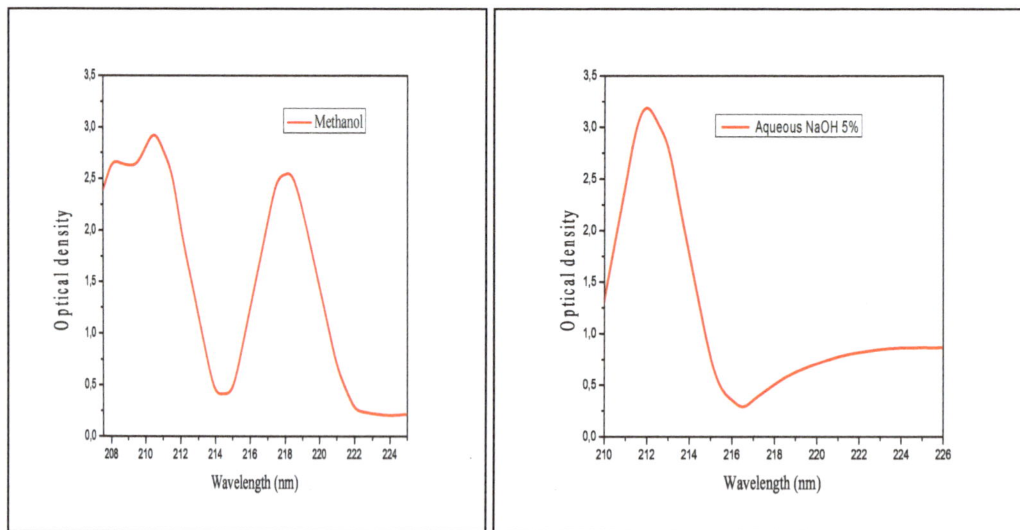

Figure 3.2.: Spectre ultra-violet d'extrait d'acides organiques de *Canarium schweinfurthii* Engl.: (a) Méthanol et (b) l'eau +NaOH 5%

o **Activité antibactérienne**

Le tableau 3.3. donne les résultats de l'activité antibactérienne de différents extraits de *C. schweinfurthii* ENGL.

Plant extracts	Concentration (µg/ml)									MIC (µg/ml)
	1000	500	250	125	62,5	31,25	15,625	7,813	3,906	
Escherichia coli ATCC 25922										
n-hexane	-	+	+	+	+	+	+	+	+	1000
Acétate d'éthyle	-	-	+	+	+	+	+	+	+	500
Méthanol	-	-	+	+	+	+	+	+	+	500
Méthanol acidifié	-	+	+	+	+	+	+	+	+	1000
Acides organiques	-	+	+	+	+	+	+	+	+	1000
Staphylococcus aureus ATCC 1103										
n-hexane	-	+	+	+	+	+	+	+	+	1000
Acétate d'éthyle	-	-	+	+	+	+	+	+	+	500
Méthanol	-	-	+	+	+	+	+	+	+	500
Méthanol acidifié	-	-	+	+	+	+	+	+	+	500
Acides organiques	-	-	+	+	+	+	+	+	+	500

(Légende: +: croissance bactérienne; -: inhibition de la croissance; ATCC: American Type Cell Collection), CMI concentration minimale inhibitrice).

Il ressort de ce tableau que *S. aureus* est plus sensible vis-à-vis d'extraits de *Canarium schweinfurthii* (CMI inférieure ou égale à 500 µg/mL) (Ngbolua, 2014). Cette activité antibactérienne est cependant faible et serait due aux composés phénoliques et triterpénoiques présents dans les extraits testés. Cette différence d'activité serait due à la nature de leur paroi. En effet, contrairement à *E. coli*, *S. aureus* est une bactérie à gram +. Sa paroi est épaisse (plusieurs couches superposées) et serait la cible pharmacologique des composés bioactifs présents dans *Canarium schweinfurthii* alors que chez *E. coli*, la membrane externe empêcherait les composés chimiques de pénétrer dans la cellule bactérienne. Ces résultats corroborent les travaux antérieurs sur les propriétés antimicrobiennes des métabolites secondaires d'origine végétale (Obame *et al.*, 2007, Moshi *et al.*, 2009, Ngbolua, 2014).

Il est bien établi que chez les sujets drépanocytaires, *Staphyloccocus aureus* et *E. coli* constituent les principales bactéries responsables des septicémies et des ostéomylites (Diagne *et al.*, 2003). A cet effet, une plante présentant à la fois une activité anti-bactérienne et anti-drépanocytaire est un meilleur candidat pour le développement d'un phytomédicament anti-drépanocytaire à large spectre d'action comme c'est d'ailleurs le cas de *C. schweinfurtii* Engl.

A notre connaissance, c'est pour la première fois que l'activité anti-drépanocytaire de *Canarium schweinfurthii* Engl. est rapportée dans la littérature.

CONCLUSION ET SUGGESTIONS

Dans ce travail il a été question d'évaluer la composition chimique qualitative et quantitative de *Canarium schweinfurthii* Engl., d'extraire les acides organiques et évaluer les activités antifalcémiantes et antibactériennes de différents extraits.

Il ressort de cette étude que:

O Les écorces de *canarium schweinfurthii* Engl. contiennent des métabolites secondaires variés tels que les anthocyanes, les flavonoides, les tanins, les quinones, les saponines, les alcaloides, les steroids, les terpenoides et leuco-anthocyanes.

O Tous les extraits testés possèdent une grande activité antifalcémiante . Ces extraits ont cependant manifesté une activité bactérienne faible vis-à-vis de deux souches testées.

L'ensemble de ces résultats montre que la zoopharmacognosie ou la pharmacopée des primates non humains est une approche écologique viable qui ouvre des nouvelles perspectives pour la découverte de nouveaux medicaments anti-drépanocytaires à partir des sources du savoir ethno-médical et l'intégration subséquente des réssources alimentaires phytogénétiques de ces animaux dans la pharmacopée traditionelle Congolaise en vue d'une meilleure prise en charge de la drépanocytose.

Il serait intéressant de poursuivre des études phytochimiques plus approfondies afin d'isoler le(s) composé(s) bioactif(s) et déterminer leur(s) structure(s).

REFERENCES

Agbo NG, 1986. *Canarium schweinfurthii* un nouveau facteur de développement en Côte d'Ivoire, Sénégal, Réseau Prélude.

Agbo NG, Chatigre KO, 1996. Amélioration de l'extraction de la matière grasse du fruit de *Canarium schweinfurthii* par ajout d'enzymes. Sciences des aliments 16 : 77-82.

Annosha H, Dora B, Godeau B, 2004. Complications aigues de la drépanocytose. Revue du Patricien 54 : 1548.

Atawodi CA, 2010. Polyphenol composition and in vitro antioxidant potential of Nigerian *Canarium schweinfurthii* Engl. Oil. Advances in Biological Research 4(6): 314-322.

Aubreville A, 1959. La flore forestière de la Côte d'Ivoire. Centre technique forestière de la Côte d'Ivoire, pp. 138-139.

Burton A, Smith M, Falkenberg T, 2015. Building WHO's global Strategy for Traditional Medicine. European Journal of Integrative Medicine 7: 13-15.

Dongmo PMJ, Tchoumbougnang T, Ndongson B, Agwanande W, Sandjon B, Zollo PHA, Menut C, 2010. Chemical characterization, antiradical, antioxidant and anti-inflammatory potential of the essential oils of *Canarium schweinfurthii* and *Aucoumea klaineana* (Burseraceae) growing in Cameroon. Agric. Biol. J. N. Am 1(4): 606-611.

Edou EP, Abdoul-Latif FM, Obame LC, Mewono L, Agnanie H, 2012. Volatile constituents of *Canarium schweinfurthii* Engl. essential oil from Gabon. International Journal of AgriScience 2(3): 200-203.

Ekutsu GE, Ngbolua KN, Bolaa MB, Mpiana PT, Ngoy BP, Masengo AC, Bongo GN, 2016. Enquête sur la pharmacopée des bonobos (*Pan paniscus,* Primates) dans un foyer endémique et Mise en évidence de l'activité anti-drépanocytaire chez un taxon végétal (*Treculia africana* Decne ex Trécul, Moraceae) testé *in vitro*. International Journal of Innovation and Applied Studies 14 (2): 315-326.

EL Barjraji F, Jazouli N, Najar M, DE Leener A, Mauen S, 2004. A la détection d'une maladie génétique: l'exemple de la drépanocytose. http://sciences.brussels/printemps2/pds2004/files/gr_2_facmed.pdf.

Ferreira A, Marguti I, Bechmann I, Viktoria J, Chora A, Palha NR, Rebelo S, Henri A, Beuzard Y, Miguel P.S, 2011. Sickle Hemoglobin Confers Tolerance to Plasmodium Infection. doi: 10.1016/JCell.2011.03.049.

Flore du Congo Belge et Rwanda-Urundi préparée par le comité exécutif de la flore du Congo Belge et le Jardin Botanique de l'Etat. Spermatophytes Volume VII édition Bruxelles 1958, 367p.

Gentilini M, 1986. Médecin tropicale, Flammarion : Paris.

Gernet S, 1981. Perception et représentations de la drépanocytose : Enquête auprès de 26 familles suivies au CHU de Bordeaux, Thèse de Doctorat.

Girott M, Begué P, Galacteros F, 2003. La Drépanocytose. Editions John Libbey, Eurotext, Paris : France.

Gomez-Chiari M, Puigbert TJ, Aramburu O, 2003. Drepanocitosis: Experiencia De Un Centro. An. Pediatr. (Barc) 58: 95-98.

Gradéa JT, Tabuti JRS, Van Damme P, 2009. Ethnoveterinary knowledge in pastoral Karamoja, Uganda. Journal of Ethnopharmacology; 122:273–293.

http://en.wikipedia.org/wiki/Nicosan (07 mai 2014)

http://medwelljournals.com/abstract/?doi=rjbsci.2008.1076.1078

http://www.britannica.com/science/sickle-cell-anemia (19 Janvier 2015).

http://www.google.com.tr/patents/US5800819 (07 mai 2014)

http://www.nhlbi.nih.gov/health/health-topics/topics/sca/treatment (25 janvier 2014)

http://www.remed.org/Plan-Drepanostat81.rtf (07 mai 2014)

http://www.vk500.com (07 mai 2014).

Iyamu EW, (2002). In vitro effects of NIPRISAN (Nix-0699): a naturally occuring, potent antisickling agent. Br J Haematol. 118(1):337-43, http://www.nhlbi.nih.gov/m/pubmed/12100171/ (25 janvier 2014).

Kamtchouing P, Kahpui SM, Djomeni PD, Tédong L, Asongalem EA, Dimo, TD, 2008. Anti-diabetic activity of methanol/methylene chloride stem bark extracts of Terminalia superba and *Canarium schweinfurthii* on streptozotocin-induced diabetic rats. Journal of Ethnopharmacology 104 (3): 306-309.

Koudou J, Abena AA, Ngaissona P, Bessière JM, 2005. Chemical composition and pharmacological activity of essential oil of *Canarium schweinfurthii*. Fitoterapia 76(7-8): 700-703.

Krief S, 2004. La pharmacopée des chimpanzés. Pour la Science 325 : 76-80.

Krief S, Escalante AA, Pacheca MA, Mugisha L, André C, 2010. On the diversity of malaria parasites in African apes and the origin of *P. falciparum* from bonobos. PLosPathog. 6(2): e 1000765.

Ksouri R, Megdiche W, Debez A, Falleh H, Grignon C, Abdelly C, (2007). Salinity effects on polyphenol content and antioxidant activities in leaves of the halophyte Cakile maritima. Plant. Physiol Bioch, 45: 244-249.

Kunle OF, Egharevba HO, 2013. Chemical constituents and biological activity of medicinal plants used for the management of sickle cell disease - A review. J Med Plants Res 7(48): 3452-3476.

Laguerre M, LJ. Lopez-Girldo, 2007. Outil d'évaluation in vitro de la capacité antioxydant. Oléagineux, Corps gras, Lipide (5): 278-292.

Latham P, Konda KM, 2006. Quelques plantes utiles du Kongo Centrale province, République Démocratique du Congo. Deuxième édition : 2006.

Matondo Maya DW, Mavoungou E, Deloron P, Theinsen M, Ntouni F, 2006. Distribution of Ig G subclass antibodies specific for *Plasmodium falciparum* glutamate rich protein molécule in sickle cell trait children with asymptomatic infections. Exp. Parasitol. 112 : 92-98.

Mbiya TS, 2011. Description des connaissances des parents des enfants drépanocytaires âgés de 5 à 10 ans sur les mesures d'hygiène de vie dans la prévention des crises vaso-occlusives. Travail de fin d'études, Institut Supérieur des Sciences Infirmières, Kinshasa, R.D. Congo.

Meziti A. Activité antioxydante des extraits des graines de *Nigella sativa* L'Étude in vitro et in vivo. Thèse P-14

Middleton E, Kandaswami C, Theoharides TC, 2000. The effects of plant flavonoids on mammalian cells: implications for inflammation, heart disease and cancer. Pharmacol Rev, 52: 673-839

Mogana R, Wiart C, 2011. *Canarium* L: A Phytochemical and Pharmacological Review. Journal of Pharmacy Research 4(8): 2482-2489.

Moshi MJ, Innocent E, Masimba PM, Otieno DM, Weisheit A, Mbabazi P, *et al.*, 2009. Antimicrobial and brine shrimp toxicity of some plants used in traditional medicine in Bukoba District, north-western Tanzania. Tanzan J Health Res 11: 23–8.

Moshi MJ, Otieno DF, Weisheit A, 2012. Ethno medicine of the Kagera Region, north western Tanzania. Part 3: plants used in traditional medicine in Kikuku village, Muleba District. Journal of Ethnobiology and Ethno-medicine 8(14):1-11

Mpiana PT, Balangayi EK, Kanangila AB, Kalonda EM, Ngbolua KN, Tshibangu DST, Atibu EK, Lumbu JBS, 2009. Activité anti-drépanocytaire et thermo-dégradation des anthocyanes extraits de *Sterculia quinqueloba* et *Ficus capensis,* Int. J. Biol. & Chem. Sci. 3 (3): 551-560.

Mpiana PT, Bokota MT, Ndjele MBL, *et al* 2010. Antisickling activity of three species of Justicia from Kisangani (DR Congo): *Justicia tenella, J. gendarusa* and *J. insularis,* Int J Biol Chem Sci 4 (6): 1953-1961.

Mpiana PT, Dianzenza ED, Ngbolua KN, Tshibangu DST, Mbala BM *et al.*, 2012. Antisickling properties, thermal and photochemical degradations of anthocyanin extracts from *Annona senegalensis* (Annonaceae). Int. J. Biol. Chem. Sci. 6: 2241-2251.

Mpiana PT, Dianzenza EN, Ngbolua KN, Tshibangu DST, Mbala BM, Shetonde OM, Atibu EK, Kakule MK, Bokota MT, 2012. Antisickling properties, thermal and photochemical degradations of anthocyanins extract from *Annona senegalensis* (Annonaceae), Int. J. Biol. Chem. Sci. 6(5): 2241-2251.

Mpiana PT, Kimbadi BL, Ombeni AM, Ngbolua KN, Tshibangu DST, Tshilanda DD, Misengabu NM, Muanyishay CL, Muyisa SK, 2013. *In vitro* inhibitory effects and anti-sickle erythrocytes haemolysis of *Dicliptera colorata* C.B. Clarke, *Euphorbia hirta* L. and *Sorghum bicolor* (L.) Moench. Open Journal of Blood Diseases 3: 43-48.

Mpiana PT, MBokota MT, Mbula JP, Ngbolua KN, Tshibangu DST, Atibu EK, Kwembe JTK, Kakule MK, 2013. Effet of Anthocyanins Extracts from *Justicia matammensis* and *Justicia laxa* on Sickle cells. In: Anthocyanins, Structure, Biosynthesis and Health benefits (Series: Biochemistry Research Trends, Nutritional and Diet Research Progress); Noboru Motohashi (ed.), NOVA PUBLISHERS, New York, USA, pp. 111-124.

Mpiana PT, Misakabu FM, Kitadi JM, Ngbolua KN, Tshibangu DST, Lombe BK, Tsalu PV, Atibu EK, Gbolo BZ, Muanishay CL, 2014. Antisickling activity and physico-chemical stability of anthocyanin extracts from *Hypoxis angustifolia* Lam. (Hypoxidaceae) bulbs. M. Noboru (Ed.), in: Anthocyanins: Occurrence, Structure, Biosynthesis and Health benefits Based on their Evidences of Phytochemicals in Vegetables and Fruits, NOVA Science Publishers, Inc., New York, USA, Vol. 2, pp: 97-113.

Mpiana PT, Misakabu FM, Tshibangu DST, Ngbolua KN, Mwanangombo DT, 2014. Antisickling activity and membrane stabilization effect of anthocyanins extracts from *Adansonia digitata* L. bark on sickle blood cells. International Blood Research and Reviews 2(5): 198-212.

Mpiana PT, Misakabu FM, Yuma PM, Tshibangu DST, Ngbolua KN, Muanyishay CL, Gbolo BZ, Misengabu NM, Kayembe JS, 2014. Antisickling activity and physico-chemical stability of anthocyanin extracts from *Ipomoea batatas* leaves. Journal of Life Medicine 2(1): 25-31.

Mpiana PT, Mudogo V, Kabangu YF, Tshibangu DST, Ngbolua KN, Atibu EK, Mangwala K.P, Mbala M.B, Makelele L.K, Bokota M.T, 2009. Antisickling Activity and Thermostability of Anthocyanins Extract from a Congolese plant, *Hymenocardia acida Tul.* (Hymenocardiaceae), Int. J. Pharmacol. 5 (1): 65-70.

Mpiana PT, Mudogo V, Ngbolua KN, Tshibangu DST, Atibu EK, 2019. *In vitro* antisickling activity of anthocyanins extracts from *Morinda lucida* Benth

(RUBIACEAE) *in* Medicinal Plants: Phytochemistry, Pharmacology and Therapeutics, VK Gupta, GD Singh, Surjeet Singh and A Kaul (Eds): DAYA PUBLISHING HOUSE, NEW DELHI, Vol. 1, pp. 330-337.

Mpiana PT, Mudogo V, Ngbolua KN, Tshibangu DST, Atibu EK, Kitwa EK, Kanangila AB, 2009. *In vitro* antisickling activity of anthocyanins extracts of *Vigna unguiculata* (L.) walp., *In* Recent progress in Medicinal Plants: Chemistry and Medicinal Value, JN Govil, VK Singh (Eds): DAYA PUBLISHING HOUSE, NEW DELHI, Vol.25, pp. 91-98.

Mpiana PT, Mudogo V, Ngbolua KN, Tshibangu DST, Mangwala PK, Atibu EK, Kakule MK, Makelele LK, Bokota MT, 2010. Antisickling Activity and Thermodegradation of an Anthocyanin fraction from *Ocimum basilicum L.* (LAMIACEAE). Comp. Bio. Nat. Pro. Vol. 3. Effects, Safety & Clinical (Pt II), pp. 278-287.

Mpiana PT, Mudogo V, Ngbolua KN, Tshibangu DST, Shetonde OM, Mbala MB, 2007b. In vitro antisickling activity of anthocyanins from *Ocimum basilicum* L. (Lamiaceae) Int. J. Pharmacol. 3(4):371-374.

Mpiana PT, Mudogo V, Ngbolua KN, Tshibangu DST, Shetonde OM, Mbala BM, 2007. *In vitro* Antisickling Activity of Anthocyanins from *Ocimum basilicum L.* (Lamiaceae). Int. J. Pharmacol. 3 (4): 371-374.

Mpiana PT, Mudogo V, Nyamangombe L, Kakule MK, Ngbolua KN, Atibu EK, Mbala M.B, Mbongo A.K, Ntumba JN, 2009. Antisickling Activity and Photodegradation Effect of Anthocyanins Extracts from *Alchornea cordifolia (SCHUMACH & Thonn.)* and *Crotalaria retusa L.* Ann. Afr. Med. 2 (4): 240-245.

Mpiana PT, Mudogo V, Tshibangu D, 2007. Antisickling activity of some Congolese plants, in: Drug discovery from African flora, The 12th Symposium of the Natural Product Research Network for Eastern and Central Africa, July 22-26; University of Makerere, Kampala, Uganda, p.45 (PS-6); http://www.researchgate.net/profile/Pius_Tshimankinda_MPIANA/publications/1 (07 mai 2014).

Mpiana PT, Mudogo V, Tshibangu DST, Kitwa EK, Kanangila AB, Lumbu JBS, Ngbolua KN, Atibu EK, Kakule MK, 2008. Antisickling Activity of Anthocyanins from *Bombax pentadrum, Ficus capensis, Zizyphus mucronata*: Photo degradation effect. J. Ethnopharmacol.120: 413-418.

Mpiana PT, Mudogo V, Tshibangu DST, Ngbolua KN, Atibu EK, Kitwa EK, Kanangila AB, Makelele LK, 2009. Activité antifalcémiante et thermodégradation d'une fraction d'anthocyanes extraits de *Zizyphus mucronata*, Ann. Afr. Med. 2 (2): 91-97.

Mpiana PT, Mudogo V, Tshibangu DST, Ngbolua KN, Shetonde OM, Mangwala PK, Mavakala BK, 2007. *In vitro* Antisickling Activity of Anthocyanins

Extracts of a Congolese Plant: *Alchornea cordifolia M.Arg.* J. Med. Sci.7 (7): 1182-1186.

Mpiana PT, Mudogo V, Tshibangu DST, Ngbolua KN, Shetonde OS, Mangwala KP, Mbala MB, 2007a. Antisickling activity and thermostability of anthocyanins extracts of Congolese plant: *Alchornea cordifolia.* J. Med. Scienc. (7): 1182-1186. 113.

Mpiana PT, Mudogo V, Tshibangu DST, Ngbolua KN, Tshilanda DD, Atibu EK, 2009. Antisickling activity of anthocyanins extract of *Jatropha curcas* L. *In* Recent progress in Medicinal Plants: Chemistry and Medicinal Value, JN Govil, VK Singh (Eds): DAYA PUBLISHING HOUSE, NEW DELHI, Vol.25, pp. 104-108.

Mpiana PT, Ngbolua KN, Mudogo V, Tshibangu DST, Atibu EK, Tshilanda DD, Misengabu NM, 2011. Antisickle erythrocytes haemolysis properties and inhibitory effect of anthocyanins extracts of *Trema orientalis* (ULMACEAE) on the aggregation of human deoxyhemoglobin S *in vitro.* Journal of Medical Sciences 11 (3): 129-137.

Mpiana PT, Ngbolua KN, Tshibangu DST, Mwanangombo DT, Tsalu PV, 2015. Antisickling and radical scavenging activities of anthocyanin extracts from the leaves of *Gardenia ternifolia subsp. jovis-tonantis (*Welw.*)* Verdc. (Rubiaceae). In: Sickle *Cell Disease: Genetics, Management and Prognosis.* NOVA PUBLISHERS, New York, USA, pp: 61-77.

Mpiana PT, Tshibangu DST, Shetonde OM, Ngbolua KN, 2007. *In vitro* antidrepanocytary activity (anti-sickle cell anaemia) of some Congolese plants. Phytomedicine 14*:* 192-195.

Ngbede R, Yakubu RA, Nyam DA, 2008. Phytochemical screening for Active Compounds in *Canarium schweinfurthii* (Atile) Leaves from Jos North, Plateau State, Nigeria. Research Journal of Biological Sciences 3(9): 1076-1078.

Ngbolua KN, 2012. Evaluation de l'activité anti-drépanocytaire et antipaludique de quelques taxons végétaux de la République Démocratique du Congo et de Madagascar, Thèse de Doctorat: Université de Kinshasa, République Démocratique du Congo. DOI : 10.13140/RG.2.1.3513.3606.

Ngbolua KN, Bishola TT, Mpiana PT, *et al* 2014a. *In vitro* antisickling and free radical scavenging activities of Pentaclethra macrophylla Benth. (Fabaceae). J of Advancement in Medical and Life Sciences V1I2.DOI: 10.15297/JALS.V1I2.03.

Ngbolua KN, Bishola TT, Mpiana PT, *et al* 2014b. Ethno-pharmacological survey, *in vitro* antisickling and free radical scavenging activities of *Carapa procera* DC. stem bark(Meliaceae). Nova Journal of Medical and

Biological Sciences 2(2): 01-14.

Ngbolua KN, Bishola TT, Mpiana PT, *et al* 2014c. Ethno-botanical survey, *in vitro* antisickling and free radical scavenging activities of *Garcinia punctate* Oliv.(Clusiaceae).Journal of Advanced Botany & Zoology V1I2. DOI: 10.15297/JABZ.V1I2.04.

Ngbolua KN, Bongo GB, Masengo CA, Djolu RD, Mpiana PT, Mudogo V, Lassa LK, Tuntufye HN, 2014. Ethno-botanical survey and Ecological study of Plants resources used in Folk medicine to treat symptoms of Tuberculosis in Kinshasa City, Democratic Republic of the Congo. J. of Modern Drug Discovery and Drug Delivery Research. V1I3. DOI: 10.15297/JMDDR.V1I4.01.

Ngbolua KN, Lengbiye EM, Lumande JK, Mpiana PT, 2015. *Canarium schweinfurthii* Engl. (Burseraceae): An Updated Review and Future Direction for Sickle Cell Disease. J. of Advancement in Medical and Life Sciences. V3I3 DOI: 10.15297/JALS.V3I3.05.

Ngbolua KN, M.Bolaa B, Mpiana PT, Ekutsu EG, Masengo AC, Tshibangu DST, Mudogo V, Tshilanda DD, Kowozogono KR, 2015. Great Apes Plant Foods As valuable Alternat of traditional Medicine in Congo Basin : The case of Non-human Primate Bonobos (*Pan paniscus*) Die tat Lomako Fauna Reserve, Democratic Republic of the Congo.J.of Advanced Botany and Zoology, V3I1.DOI :10.15297/JABZ. V3I1.01.

Ngbolua KN, Mpiana PT (2014). The Possible Role of a Congolese polyherbal formula (Drepanoalpha®) as source of Epigenetic Modulators in Sickle Cell Disease: A Hypothesis. J. of Advancement in Medical and Life Sciences. V2I1. DOI: 10.15297/JALS.V2I1.02.

Ngbolua KN, Mpiana PT, Mwanza BF, Tshibangu DST, Tshilanda DD, Masengo AC, Mudogo V, Robijaona Baholy, Pierre Ruphin Fatiany, 2016. Antisickling and antibacterial activities of *Garcinia punctata* Oliv. (Clusiaceae) and *Tetradenia riparia* (Hochst.) Codd (Lamiaceae) from Democratic Republic of the Congo. J. of Advancement in Medical and Life Sciences. V4I1. DOI: 10.15297/JALS.V4I1.01.

Ngbolua KN, Mpiana PT, Tshibangu DST, *et al* 2014f. In vitro anti-sickling and radical scavenging activities of a poly-herbal formula (Drepanoalpha®) in Sickle cell erythrocyte and acute toxicity study in Wistar albino rats. Eur J Med Plants 4(10): 1251-1267.

Ngbolua KN, Mpiana PT, Tshibangu DST, Gbolo ZB, 2015. Bioactivity of Medicinal Plants Traditionally Used for the Management of Sickle cell disease in Democratic Republic of the Congo : State of the Art and Future Directions. In: Sickle *Cell Disease: Genetics, Management and Prognosis.* NOVA PUBLISHERS, New York, USA, pp: 79-94.

Ngbolua KN, Mpiana PT, Tshibangu DST, Mazasa PP, Gbolo ZB, Atibu EK, Kadima JN, Kasali FM, 2014. *In vitro* anti-sickling and radical scavenging activities of a poly-herbal formula (Drepanoalpha®) in Sickle cell erythrocyte and acute toxicity study in Wistar albino rats. European Journal of Medicinal Plants 4(10): 1251-1267.

Ngbolua KN, Mpiana PT. The Possible Role of a Congolese polyherbal formula (Drepanoalpha®) as source of Epigenetic Modulators in Sickle Cell Disease: A Hypothesis. J. of Advancement in Medical and Life Sciences. V2I1. DOI: 10.15297/JALS.V2I1.02, 2014.

Ngbolua KN, Mubindukila REN, Mpiana PT, *et al* 2014d. Phytochemical screening, Antibacterial and Antioxidant activities of *Anthocleista liebrechtsiana* Wild & T. Durand (Gentianaceae) originated from Democratic Republic of the Congo. Journal of Advancement in Medical and Life Sciences, V1I3. DOI: 10.15297/JALS.V1I3.04.

Ngbolua KN, Mubindukila REN, Mpiana PT, *et al* 2014e. In vitro Assessment of Antibacterial and Antioxidant activities of a Congolese medicinal plant species *Anthocleista schweinfurthii* Gilg (Gentianaceae).J. of Modern Drug Discovery and Drug Delivery Research. V1I3. DOI: 10.15297/JMDDR.V1I3.03.

Ngbolua KN, Mudogo V, Mpiana PT, Malekani MJ, Rafatro H, Urverg RS, Takoy L, Rakotoarimana H, Tshibangu DST, 2013. Evaluation de l'activité anti-drépanocytaire et antipaludique de quelques taxons végétaux de la République démocratique du Congo et de Madagascar. Ethnopharmacologia 50: 19-24.

Ngbolua KN, Rafatro H, Rakotoarimanana H, Mudogo V, Mpiana PT, Tshibangu DST, Tshilanda DD, 2015. *In vitro* anti-erythrocyte sickling effect of lunularic acid of natural origin. International Blood Research & Reviews 4(3):1-6.

Ngbolua KN, Rakotoarimanana H, Rafatro H, Urverg SR, Mudogo V, Mpiana PT, Tshibangu DST, 2011b. Comparative antimalarial and cytotoxic activities of two Vernonia species : *V. amygdalina* from the Democratic Republic of Congo *and V. cinerea s*ubsp vialis endemic to Madagascar. Int. J.Biol. Chem. Sci. 5(1) : 345-353.

Ngbolua KN, Tshibangu DST, Mpiana PT, Mihigo SO, Mavakala BK, Ashande MC, Muanyishay LC, 2015. Anti-sickling and antibacterial activities of Some Extracts from *Gardenia ternifolia* subsp. *jovis-tonantis* (Welw.) Verdc. (Rubiaceae) and *Uapaca heudelotii* Baill. (Phyllanthaceae). Journal of Advances in Medical and Pharmaceutical Sciences 2(1): 10-19.

Ngbolua KN, Tshidibi JD, Tshibangu DST, Memvanga PB, Gbolo ZB, Dorothée D Tshilanda , Mpiana PT, 2016. Drepanoalpha®: An Overview on the Quality Control Process and Standardization Feature of an Antisickling Herbal Drug from Democratic Republic of the Congo. J. of Modern Drug Discovery and Drug Delivery Research. V4I1. DOI: 10.15297/JMDDR.V4I1.01.

Ngbolua KN, Bongo GN, Masengo CA, Djolu RD, Mpiana PT, Mudogo V, Lassa K, Huruma NT, 2014. Ethno-botanical survey and Ecological study of Plants resources used in Folk medicine to treat symptoms of Tuberculosis in Kinshasa City, Democratic Republic of the Congo. J. of Modern Drug Discovery and Drug Delivery Research. V1I3. DOI: 10.15297/JMDDR.V1I4.01.

Ngila M, 2015. Evaluation phytochimique et capacité antioxydante totale de Boerhavia diffusa L.

Nijveldt RJ, Nood E, Hoorn DE, Boelens PG, Norren K, Leeuwen P, 2001. Flavonoids: A review of probable mechanisms of action and potential applications. Am. J. Clin Nutr, 74: 418–425.

Nvau J, Gushit J, Orishadipe T, Kolo I, 2011. Antimycobacterial activity of the leaves extract of *Canarium schweinfurthii* Engl. Conti J Phar Sci 5: 20–4.

Obame LC, Koudou J, Kumulungui BS, Bassolé IH, Edou P, Ouattara AS, Traoré AS, 2007. Antioxidant and antimicrobial activities of *Canarium schweinfurthii* Engl. Essential oil from Centrafrican Republic. African Journal of Biotechnology 6 (20): 2319-2323.

Okpuzor J, Adebesin O, Ogbunugafor H, Qmadi I, 2008. The potential of medicinal plants in sickle cell disease control: a review. International Journal of Biomedical and Health Sciences 4(2):47-55.

Platt OS, Orkin SH, Dover G, Beardsley GP, Miller B, Nathan DG, 1984. Hydroxyurea enhances fetal hemoglobin production in sickle cell anémia, J Clin Invest; 74:652-656, http://www.jci.org/articles/view/111464 (25 janvier 2014)

Sonogo R, 2006. Rôle des plantes médicinales en médecine traditionnelle Page 3-4.

Tshibangu DST, Shode FO, Koorbanally N, Mudogo V, Mpiana PT, Ngbolua KN, 2011. Antisickling triterpenoids from *Callistemon viminalis, Meulaleuca bracteata* var. Revolution Gold *Syzygium guineense* and *Syzygium cordatum*. The 14th NAPRECA Symposium and AAMPS Ethnoverterinary Medicine Symposium 8th-12th August. Internatiuonal Centre For Insect Physiology and Ecology (ICIPE) : Kasarani, Nairobi, Kenya., pp.296-300.

Tshilanda DD, Onyamboko DNV, Babady PB, Ngbolua KN, Tshibangu DST, Dibwe EF, Mpiana PT, 2015. Anti-sickling Activity of Ursolic Acid Isolated from the Leaves of *Ocimum gratissimum* L. (Lamiaceae). Nat. Prod. Bioprospect 5: 215-221.

Tshilanda DD, Onyamboko DNV, Mpiana PT, Ngbolua KN, Tshibangu DST, Mbala MB, Bokolo KM, Taba KM, Kasonga KT, 2014. Antisickling activity of butyl stearate isolated from *Ocimum basilicum* (Lamiaceae). Asian Pacific Journal of Tropical Biomedicine 4 (5): 393-398.

Tshilanda DD, Onyamboko DVN, Babady PB, Mutwale PK, Tsalu PV, Tshibangu DST, Ngombe NK, Ngbolua KN, Mpiana PT, 2016. Chemical fingerprint and anti-sickling activity of Rosmarinic acid and Methanolic extracts from three Species of *Ocimum* from DR Congo. Journal of Biosciences and Medicines 4, 59-68, http://dx.doi.org/10.4236/jbm.2016.41008.

Tshilanda DD, Onyamboko NV, Mpiana PT, *et al* 2014. Antisickling activity of butyl stearate isolated from *Ocimum basilicum* (Lamiaceae). Asian Pac J Trop Biomed 4 (5): 393-398.

Tshilolo L, Aissi M, 2009. Guide pratique de diagnostic précoce et de prise en charge de la drépanocytose, CEFA, Kinshasa, R.D. Congo.

Verdrager, 1978. Ces médicaments qui nous viennent des plantes. Maloine, Paris, pp 15-16.

Voet D et Voet JG 1998. Biochimie (2nd éd) De Boeck Université : Bruxelles.

Wajcman S, 2003 Hémoglobines et Hémoglobinopathies. Inserm, Paris; http://www.sicklecelldisease.org.

Williams TN, Mwangi TW, Robert DJ, Neal DA, Weatheral DJ, Wambua S, Kortok M, Snow RW et Marsh K, 2005. An immune basis for malaria protection by the sickle cell trait. Plos Medecine 2(5) : 0441-0445.

Yousfi H, Tahri EH, Amrani E, Caid SH, 2007. Etude de l'effet antioxydant des anthocyanes de l'olive, du raisin rouge, du chou rouge et de la fraise. Biochimie, Substances naturelles et Environnement. Congrès international de Biochimie. Agadir, 09-12 mai 2006, 452-455.

Yousuf S, Kamdem RST, Wafo P, Ngadjui BT, Fun HK, 2011. A cocrystal of 3 -hydroxytirucalla-8, 24-dien-21-oic acid and 3 -fluorotirucalla-7, 24-dien-21-oic acid (0.897: 0.103). Acta Cryst E67, o1015-o1016. DOI: 10.1107/S1600536811011159

Yuma PM, Mpiana PT, Bokota MT, *et al* 2013. Etude de l'activité anti-falcémiante et de la thermo et photo-dégradation des anthocyanes de *Centella asiatica*, *Thomandersia hensii* et *Maesopsis eminii*. Int J Bio Chem Sci 7(5): 1892-1901.

ANNEXES

ANNEXE 1: Teneur en polyphenols totaux

Extrait	Densité optique	Concentration (μg AG/mL	Moyenne $\pm$ Ecart type
n-hexane	0,193 0,191 0,193	32,5 32,17 32,5	32,39$\pm$0,190
Acétate d'éthyle	0,875 0,878 0,881	146,16 146,66 147,16	146,66$\pm$0,500
MeOH	0,558 0,558 0,556	93,33 93,33 93,0	93,22$\pm$0,190
MeOH acidifié	0,469 0,464 0,459	78,5 77,66 76,83	77,66$\pm$0,835
DCM/MeOH/NH$_4$OH	0,447 0,444 0,441	74,83 74,33 73,83	74,33$\pm$0,500

Y=0,006X$-$0,002 R^2=0,997

ANNEXE 2: Teneur en flavonoïdes

Extrait	Densité optique	Concentration (μg QE/mL	Moyenne $\pm$ Ecart type
n-hexane	0,011 0,012 0,008	0,44 0,66 0,22	0,44$\pm$0,220
Acétate d'éthyle	0,017 0,009 0,006	1,22 0,66 0,00	0,94$\pm$0,395
MeOH	0,028 0,028 0,026	2,44 2,44 2,22	2,366$\pm$0,127
MeOH acidifié	0,022 0,017 0,016	1,77 1,22 1,11	1,366$\pm$0,353
DCM/MeOH/NH$_4$OH	0,049 0,045 0,042	4,77 4,33 4,0	4,366$\pm$0,386

Y=0,009X+0,006 R^2=0,999

ANNEXE 3:   Teneur en tanins

Extrait	Densité optique	Concentration (µg ATQ/mL	Moyenne ± Ecart type
n-hexane	0,115	0,855	0,850±0,005
	0,114	0,853	
	0,110	0,844	
Acétate d'éthyle	0,205	1,058	1,056±0,002
	0,204	1,056	
	0,203	1,054	
MeOH	0,166	0,97	0,952±0,030
	0,166	0,97	
	0,143	0,918	
MeOH acidifié	0,132	0,893	0,864±0,025
	0,111	0,846	
	0,114	0,853	
DCM/MeOH/NH$_4$OH	0,119	0,864	0,830±0,029
	0,098	0,817	
	0,095	0,810	

Y=0,443X−0,264 R^2=0,720

ANNEXE 4: Teneur en anthocyanes

Extrait	Densité optique	Concentration (µg M-3-GE /mL	Moyenne ± Ecart type
n-hexane	0,011	0,183	0,172±0,009
	0,010	0,167	
	0,010	0,167	
Acétate d'éthyle	0,030	0,501	0,467±0,029
	0,027	0,450	
	0,027	0,450	
MeOH	0,024	0,40	0,40±0,016
	0,023	0,384	
	0,025	0,417	
MeOH acidifié	0,033	0,551	0,550±0,016
	0,034	0,567	
	0,032	0,534	
DCM/MeOH/NH$_4$OH	0,026	0,434	0,372±0,058
	0,022	0,367	
	0,019	0,317	

TA=A540×16.7×d (d=facteur de dilution).

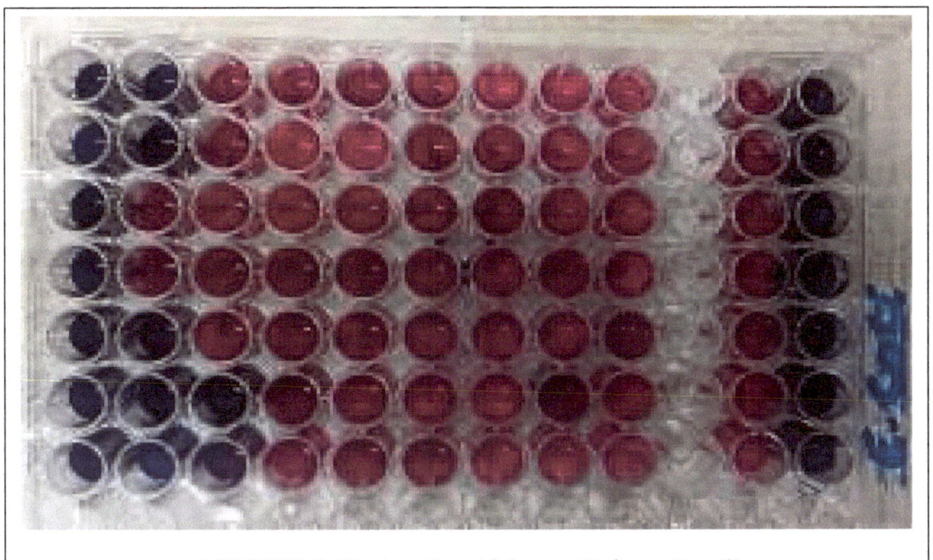

ANNEXE 5: Test antibactérien realisé sur *E. coli*

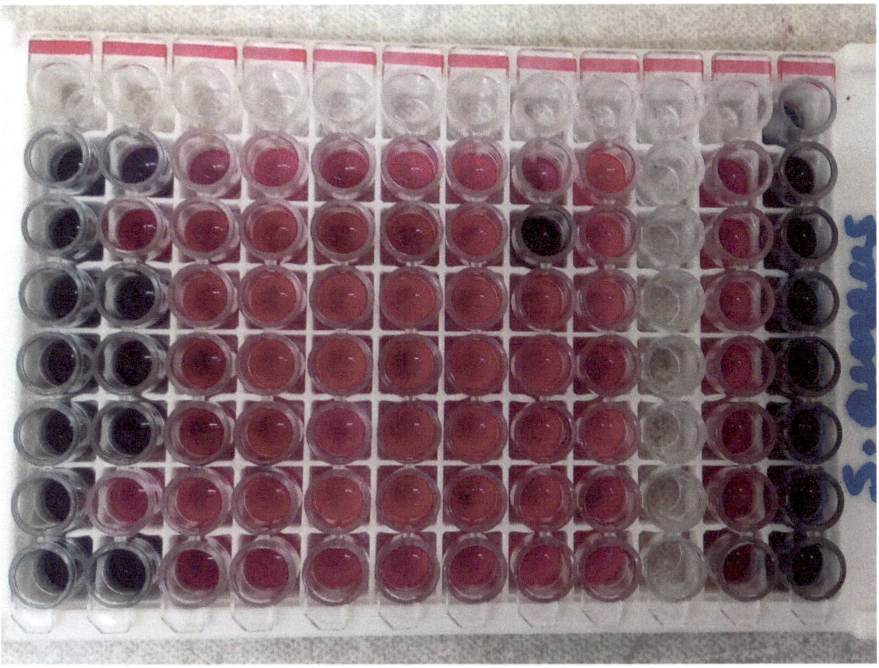

ANNEXE 6: Test antibactérien realisé sur *S. aureus*

www.ingramcontent.com/pod-product-compliance
Lightning Source LLC
Chambersburg PA
CBHW040926110726
48006CB00001B/77